Liebe Leserinnen und Leser,

der Greyhound-Bus ist wohl eines der Symbole für Freiheit und Abenteuer in Nordamerika. Praktisch und preiswert. Und das gilt heute vielleicht sogar wieder mehr als noch vor einigen Jahren. Einer unserer Autoren ist gerade erst so von seiner Recherche in Philadelphia weiter nach New York gereist. Und auch in anderen Landesteilen sind Greyhound und Flixbus – die Deutschen haben die US-Legende 2021 übernommen – eine gute Alternative bei einer Rundreise. Auch zum Auto, wie unsere Autorin Marion Renk-Rosenthal aus Kalifornien berichtet (siehe Seite 18).

Der Golden State steht auch ganz im Mittelpunkt dieser Ausgabe von 360° Nord-Amerika. Jan de Jonge zeigt Ihnen die Sierra Nevada mit herrlichen Wanderwegen und Seen inmitten der Berglandschaft. Sie möchten lernen, auf einem Brett zu stehen? Ulrike Wirtz stellt eine Surfschule in Malibu vor. Außerdem: ein Roadtrip über den Abschnitt des Highway 1 nördlich der Golden Gate Bridge, der oft im Schatten der berühmten Passage zwischen San Francisco und Los Angeles steht. Für die Ostküste empfiehlt Ihnen Christian Dose einen Städtetrip nach Philadelphia: ein Trendsetter mit Historie. Weitere Themen: Jackson in Wyoming, Cincinnati an der Grenze zwischen Ohio und Kentucky sowie Texas, wo Martin Wein auf deutschen Spuren unterwegs war.

In Kanada ist der North Coast Trail auf Vancouver Island eine feine Alternative zum berühmten West Coast Trail – Günter Kast ist voraus gewandert. Ebensolche Touren abseits der bekannten Pfade stellt Isa Hoffinger in Alberta vor. Und auf der Suche nach Genuss – Hummer und Wein – war Jörg Michel in Nova Scotia unterwegs.

Zum Schluss noch zwei gute Nachrichten: In Florida läuft nach den zwei zerstörerischen Hurrikans der Wiederaufbau. So sind beispielsweise die Sandstrände von Longboat Key und Anna Maria Island wieder zugänglich, laden zum Entspannen und Baden ein. Auch zahlreiche Restaurants, Hotels und Attraktionen – beispielsweise in Bradenton das Bishop Museum of Science and Nature – sind geöffnet. Und im Jasper National Park, der im Sommer von einem verheerenden Waldbrand so schwer getroffen wurde, werden im nächsten Jahr mehrere Campingplätze wieder geöffnet sein, auch hier kommt der Wiederaufbau voran. Buchungsstart für die Campingplätze ist der 28. Januar. Ungeachtet der massiven Schäden also ein Zeichen der Hoffnung für die Einheimischen, deren Einkommen vom Tourismus abhängt, und für uns Urlauber, die Nordamerika so lieben.

Viel Spaß beim Lesen und Planen!

Ihre Redaktion 360° NordAmerika

Blick auf die Waterfront von Lunenburg, Nova Scotia, Kanada

Inhalt

USA

ALASKA
WYOMING
KALIFORNIEN
Washington DC
Kentucky
HAWAII
LOUISIANA
FLORIDA

Einsteigen

USA

Kanada 🍁

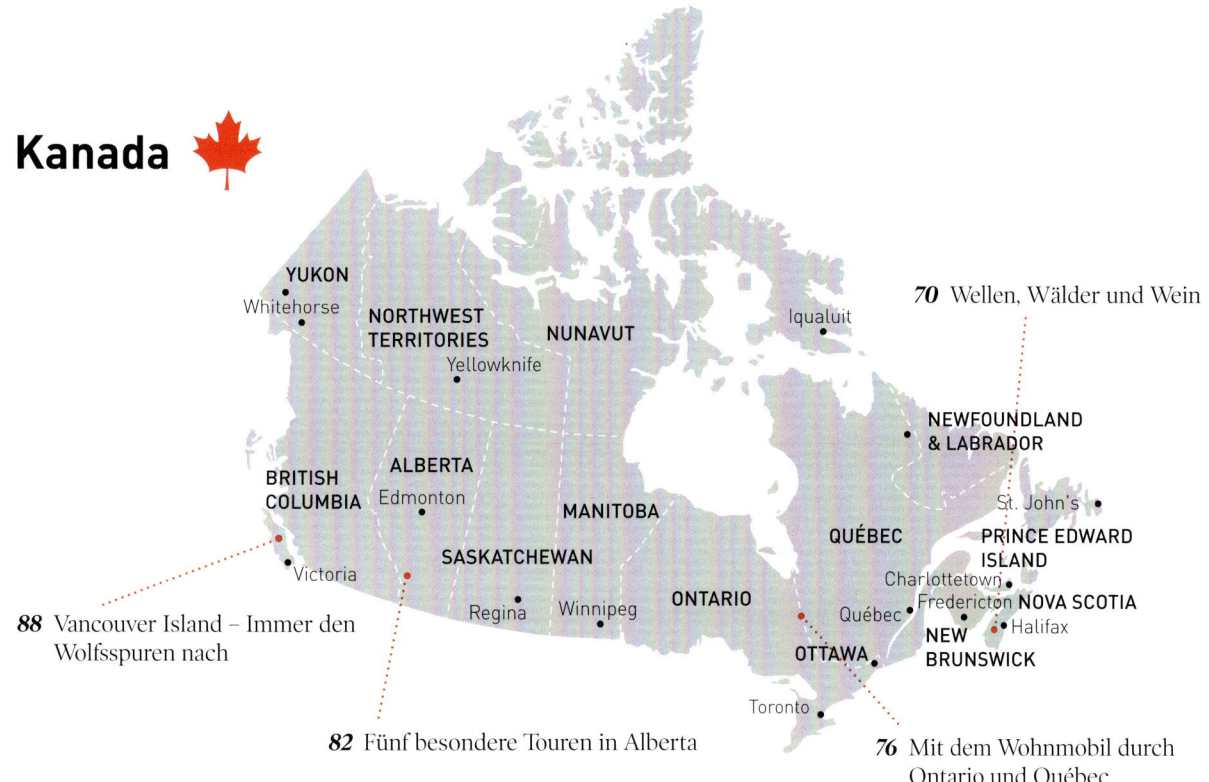

YUKON
Whitehorse
NORTHWEST TERRITORIES
Yellowknife
NUNAVUT
Iqualuit
BRITISH COLUMBIA
Edmonton
ALBERTA
Victoria
SASKATCHEWAN
Regina
MANITOBA
Winnipeg
ONTARIO
NEWFOUNDLAND & LABRADOR
St. John's
QUÉBEC
Québec
PRINCE EDWARD ISLAND
Charlottetown
Fredericton
NOVA SCOTIA
Halifax
NEW BRUNSWICK
OTTAWA
Toronto

Kanada

Mitmachen

Ausblicken

New York: Neue Attraktionen auf Aussichtsplattform Top of the Rock

Es ist wohl eines der berühmtesten Fotos der Welt – elf amerikanische Bauarbeiter auf einem Stahlträger in luftiger Höhe von 260 Metern, aufgenommen im Jahr 1932. Jetzt können New York-Besucher diese legendäre Szene nachstellen und ein unvergessliches Erinnerungsbild mit nach Hause nehmen. Auf der Aussichtsplattform Top of the Rock, auf dem Rockefeller Center, lässt sich dieses Adrenalinabenteuer erleben. „The Beam" nennt sich die Attraktion. Gut angeschnallt, sitzt der Besucher auf einem Stahlträger, der einige Meter nach oben fährt und sich dann dreht – Panoramablick auf die Skyline und den Central Park. Sowohl tagsüber als auch nachts ein ikonischer Moment. Außerdem neu auf der Aussichtsplattform im 60. Stockwerk: der sogenannte Skylift. Die Glasplattform fährt zehn Meter hinauf und dreht sich dabei. Zudem steht im Eingangsbereich jetzt ein Modell des Rockefeller Center, während erstmals ein Film über die Geschichte der „Stadt in der Stadt" informiert.

rockefellercenter.com/attractions/top-of-the-rock-observation-deck

Luray Caverns: Größtes Höhlensystem im Osten der USA feiert Jubiläum

50. Geburtstag in Virginia: Als der Schmied Andrew Campbell mit seinem Neffen im August 1878 in Luray im Westen Virginias auf einem Feld unterwegs war und ihn ein kühler Luftzug aus der Erde stutzig machte, ahnte er bestimmt nicht, was ihn nach stundenlangem Graben erwarten würde. Er entdeckte die Luray Caverns, das größte Höhlensystem im Osten der USA. An einigen Stellen fast zehn Stockwerke tief, gehört dieses Naturwunder seit nunmehr 50 Jahren zu den National Natural Landmarks. In mehreren unterirdischen Räumen hat sich eine beeindruckende Formation an Stalaktiten und Stalagmiten gebildet, die teilweise zu bis zu 16 Meter hohen Stalagnaten zusammengewachsen sind. Laut Guinness-Buch der Rekorde befindet sich hier das größte unterirdische Musikinstrument der Welt: die Great Stalacpipe Organ. Auf mehr als 14.000 Quadratmetern sind an Stalaktiten kleine gummiüberzogene Hämmerchen angebracht, die den Stein zum Schwingen bringen und somit Töne erzeugen.

luraycaverns.com

Countryside of Philadelphia: Longwood Gardens mit neuem Besucherbereich

Im Juli wurde Longwood Gardens von Titan Travel zum „Most Beautiful Garden in the World" gekürt. Doch es geht noch besser: Gemeinsam mit der jährlichen Lichtershow „A Longwood Christmas" eröffnete im November „Longwood Reimagined: A New Garden Experience", die umfangreichste Erweiterung seit 100 Jahren. Herzstück ist das West Conservatory, ein rund 3000 Quadratmeter großes Glashaus mit mediterranen Gärten und Wasserspielen. Gleich daneben entsteht der neue Bonsai-Hof. Zudem bezieht das Restaurant 1906 neue Räumlichkeiten, durch deren Panoramafenster die Gäste direkten Blick auf den berühmten Main Fountain Garden genießen. Die Longwood Gardens liegen etwa eine Autostunde westlich von Philadelphia (siehe Seite 36) und sind ein beliebtes Ausflugsziel gerade auch zur Weihnachtszeit.

longwoodgardens.org

San Francisco: Transamerica Pyramid Center neu gestaltet

Das neu gestaltete Transamerica Pyramid Center – das markante Gebäude wurde nach der Eröffnung 1972 schnell zu einem weltweit bekannten Wahrzeichen von San Francisco – hat große Wiedereröffnung gefeiert. Nach Abschluss der ersten Phase der 400 Millionen US-Dollar teuren Renovierung hat sich das ikonische Gebäude in eine beliebte Sehenswür-

digkeit verwandelt. Das neu gestaltete Erdgeschoss war zuvor für die Öffentlichkeit geschlossen und verfügt nun über eine öffentlich zugängliche Lobby mit Ausstellungsflächen, Sitzmöglichkeiten, einem Blumenladen und einem Café. Als Hommage an die Geschichte des Stadtviertels als Anziehungspunkt für Künstler und Kreative wurde mit SHVOs Pyramid Arts eine neue Kunstprogramm-Initiative ins Leben gerufen. Ab sofort können sich Besucher über öffentliche Ausstellungen freuen. Zugleich wurde der Transamerica Redwood Park, Heimat von über 50 majestätischen Mammutbäumen und urbane Oase im Herzen der Stadt, restauriert und mit Gehwegen, Sitzgelegenheiten und einer neuen Landschaftsgestaltung erweitert.

transamericapyramid.com

Routenempfehlungen für British Columbia

Nachdem im Herbst 2023 die neue Rainforest to Rockies-Route Gestalt angenommen hat, rückt British Columbia nun den Norden in den Fokus. Im Rahmen von „Invest in Iconics" entwickelt und vermarktet Destination BC (Marketing Organisation von British Columbia) neue Routen und Regionen. Unter dem Motto „The Great Wilderness" werden Verbraucher dazu eingeladen, sich auf eine Reise in die Natur zu begeben. Die empfohlenen Routen führen Reisende beispielsweise in die Northern Rockies mit dem Alaska Highway, ins Land der Nisga'a Nation mit ihrer lebendigen Kultur und Lavafeldern sowie in den Tumbler Ridge Global Geo Park mit Dinosaurierspuren am Flussufer. Eine weitere Tour ist eine rund 1000 Kilometer lange Reise auf der Route 16 von Prince Rupert im Westen zum Mt. Robson, dem höchsten Berg der kanadischen Rocky Mountains. Zu den geologischen Wundern zählt der Salmon Glacier, der weltweit fünftgrößte, und der größte per Straße erreichbare Gletscher.

Skigebiete geöffnet

In British Columbia liegen einige der beliebtesten Skigebiete Nordamerikas. Auch Ski- und Snowboardfans aus Deutschland sind gerne auf diesen Pisten unterwegs. Besonderer Tipp: der berühmte Powder Highway, eine Rundreiseroute in den Kootenay Rockies, die von Tiefschnee, flippigen Orten und Bergabenteuer geprägt ist. British Columbia beherbergt auch einige der weltbesten Heli-Skiing- und Cat-Skiing-Anbieter sowie das größte Skigebiet Nordamerikas, Whistler Blackcomb. In den zehn hiesigen Gebirgsketten können Wintersportler unter 13 großen Skigebieten wählen. Die Saison dauert bis in den April hinein, sodass sich die Winterurlauber rund fünf Monate lang in den Bergen vergnügen können. Zu den zusätzlichen Angeboten in der Wintersaison 24/25 zählt beispielsweise ein neuer Hochgeschwindigkeits-Vierersessellift im Gebiet West Bowl. Dieses Areal liegt im alpinen Bereich von Tod Mountain und ist eines der höchstgelegenen in Sun Peaks. Der West Bowl Express sorgt für zusätzliche Pisten.

Ontario: Michelin Guide zeichnet Hotels aus

Seit diesem Jahr erweitert das Michelin Key-Ranking die renommierten Michelin-Sterne der Restaurantbranche um eine Auszeichnung für die Hotellerie. Die begehrten Schlüssel werden an Hotels vergeben, die ihren Gästen ein einzigartiges Übernachtungserlebnis auf höchstem Niveau bieten. Nunmehr wurden die ersten Preisträger bekanntgegeben: Acht Hotels in der kanadischen Provinz Ontario dürfen sich nun über die jährlich verliehene Auszeichnung freuen – sieben davon in Toronto, eines in Picton in Prince Edward County. Das Four Seasons Hotel Toronto at Yorkville und The Hazelton Hotel Toronto erhielten jeweils zwei Michelin Keys, während die Häuser 1 Hotel Toronto, Ace Hotel Toronto, Bisha Hotel Toronto, Park Hyatt Toronto, Shangri-La Hotel Toronto und The Royal Hotel in Picton mit je einem Key prämiert wurden. Darüber hinaus hat Michelin vier weitere Restaurants ausgezeichnet, wodurch sich die Zahl der Sternerestaurants in der Region auf insgesamt 15 erhöht und das kulinarische Renommee Ontarios weiter gestärkt wird. Der erste Michelin Guide für Toronto wurde im Herbst 2022 veröffentlicht und machte die Hauptstadt Ontarios damit zum ersten kanadischen Reiseziel mit einem eigenen Gourmetführer.

Sierra Nevada

Das andere Kalifornien

Kristallklare Bergseen und schneebedeckte Gipfel: Die Sierra Nevada zeigt Kalifornien von seiner wildromantischen Seite.

Lone Pine: das Tor zu den Alabama Hills mit dem majestätischen Mount Whitney im Hintergrund

Blühender Lupinenzauber vor der dramatischen Kulisse der Sierra Nevada

Der Highway US 395 ist die Lebensader der östlichen Sierra Nevada. Eine Route, die ein völlig anderes Kalifornien zeigt – fernab der bekannten Klischees. Ein Roadtrip entlang dieser Strecke eröffnet eine Welt voller Kontraste, von den tiefen Tälern des Owens Valley bis zu den schneebedeckten Gipfeln von Mammoth Lakes. Stille Bergseen, imposante Wälder und die verborgenen Schätze des Sonora Passes unterstreichen die beeindruckende Vielfalt dieser Region.

Lone Pine:
Das Tor zur Sierra Nevada

Am Rande des Owens Valley liegt das kleine Städtchen Lone Pine, das als Tor zu den Landschaften der östlichen Sierra Nevada dient. Das Owens Valley ist eines der tiefsten Täler Nordamerikas, mit einem beeindruckenden Höhenunterschied von über 3000 Metern zwischen dem Talboden und den umliegenden Bergen. Von hier aus führt der Weg sowohl zu den bizarren Felsformationen der Alabama Hills, die vor der Kulisse der Sierra Nevada liegen, als auch zum imposanten Mount Whitney, dem höchsten Gipfel der kontinentalen

USA. Lone Pine ist der Ausgangspunkt für Abenteurer, die die Naturwunder dieser Region erkunden möchten.

Mount Whitney: Das Dach der kontinentalen USA

Sanft wiegt sich eine Hängematte zwischen alten Kiefern, während ein klarer Fluss über glatte Steine plätschert. Eingebettet in die erhabene Bergwelt des Mount Whitney, dessen schroffe Gipfel sich in den endlosen blauen Himmel erstrecken, scheint die Welt stillzustehen. Hier, am Whitney Portal, dem Tor zum höchsten Gipfel der USA jenseits von Alaska und Hawaii, entfaltet sich die ungezähmte Schönheit der Natur in voller Pracht.

Startpunkt für Abenteuer: das Trailhead-Campground-Schild am Whitney Portal, Eingang zur Welt des höchsten Gipfels der kontinentalen USA

Mit seinen 4421 Metern überragt der Mount Whitney die Landschaft wie ein mächtiger Wächter und zieht Abenteurer und Naturfreunde gleichermaßen in seinen Bann. Die Anfahrt aus Lone Pine offenbart den dramatischen Wechsel der Landschaft: Von der glühenden Hitze der Wüste schlängelt sich die Straße in Serpentinen hinauf, bis die karge Wüstenvegetation dichten Kiefernwäldern und alpinen Wiesen Platz macht.

Whitney Portal dient als Ausgangspunkt für zahlreiche Wanderwege, darunter den berühmten Mount Whitney Trail, der bis zum Gipfel führt. Für diejenigen, die sich nicht auf den anspruchsvollen Weg zur Spitze wagen möchten, bietet der Lone Pine Lake eine ideale Alternative. Dieser See, eingebettet in die wilde, ungezähmte Natur der Sierra Nevada, ist ein Ort der Ruhe, umgeben von schneebedeckten Gipfeln und duftenden Kiefern.

Kennedy Meadows: Die stille Schönheit der Sierra Nevada

Weiter entlang des Highway 395 führt der Weg zu den Kennedy Meadows, einer abgeschiedenen Gegend auf etwa 1980 Metern Höhe. Diese ausgedehnten Wiesen, eingerahmt von den imposanten Gipfeln der Sierra Nevada, bieten Wanderern

Lone Pine Lake: ein glasklarer Bergsee, der als ruhige Alternative zum anspruchsvollen Mount Whitney Trail begeistert

eine stille Zuflucht und die Gelegenheit, in die unberührte Natur einzutauchen. Dank der höheren Lage sind die Temperaturen hier in den Sommermonaten kühler, und der nahegelegene South Fork des Kern River bietet eine erfrischende Möglichkeit zur Abkühlung. Die Kennedy Meadows sind der perfekte Ort, um eine Pause einzulegen – sei es für ein Picknick, zum Entspannen oder um die Gedanken schweifen zu lassen.

Kearsarge Pass Trail: Das Tor zum Kings Canyon

Bereits die Fahrt zum Trailhead im Onion Valley ist ein Erlebnis für sich. Die Bergstraße schlängelt sich von der US 395 westwärts und eröffnet eindrucksvolle Ausblicke auf die erhabenen Gipfel und tiefen Täler der Sierra Nevada. Am Ende dieser malerischen Route liegt der Trailhead, Ausgangspunkt für zahlreiche Wan-

Idyllischer Gebirgssee umgeben von duftenden Kiefern und schroffen Berggipfeln

derungen. Der Kearsarge Pass Trail führt durch dichte Kiefernwälder und entlang glitzernder Bergseen, die in der Sonne funkeln. Hier bietet sich die Möglichkeit, den Kings Canyon National Park auf besondere Weise zu entdecken – quasi durch die „Hintertür", abseits der Touristenströme, wo die Natur in ihrer unberührten Schönheit erlebbar wird. Die Wanderung über den Kearsarge Pass belohnt mit beeindruckenden Ausblicken und führt schließlich in die hochalpinen Landschaften des Kings Canyon, einem der wildesten und unberührtesten Gebiete Kaliforniens.

Big Pine und der Big Pine Lakes Trail: Ein verborgener Schatz der Sierra Nevada

Weiter entlang des Highway 395 liegt das beschauliche Örtchen Big Pine, eingebettet in die Ausläufer der Sierra Nevada. Wie an vielen Orten dieser Region gibt es auch hier zahlreiche Wandermöglichkeiten. Besonders faszinierend ist jedoch der Big Pine Lakes Trail, eine Wanderung, die jeden Naturliebhaber ins Staunen

versetzt. Der Trail schlängelt sich durch unberührte Wälder und führt entlang eines Netzwerks von Gebirgsseen, deren Wasser in smaragdgrünen und tiefblauen Farben leuchtet. Die Wanderung ist anspruchsvoll, doch die Belohnung sind spektakuläre Ausblicke auf die hoch aufragenden Gipfel und die spiegelnden Seen.

Die Schönheit dieser Gegend liegt in ihrer Abgeschiedenheit. Obwohl die Trails hier länger sind, bieten sie die Möglichkeit, verschiedene Seen zu erreichen, ohne die gesamte Strecke wandern zu müssen. Jeder See hat seinen eigenen Charakter, umgeben von einer Stille, die nur durch das leise Rauschen der Wälder unterbrochen wird.

Bishop: Die kleine Stadt mit großem Charme

Nördlich geht es weiter in das kleine Städtchen Bishop, eines der wenigen städtischen Zentren entlang des östlichen Sierra Nevada Korridors. Von hier lohnt ein Abstecher entlang der California 168

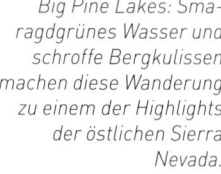

Big Pine Lakes: Smaragdgrünes Wasser und schroffe Bergkulissen machen diese Wanderung zu einem der Highlights der östlichen Sierra Nevada.

Imposante Bergland-
schaften auf dem Weg
zum Lake Sabrina – eine
der malerischen Perlen
nahe Bishop

nach Aspendale zum malerischen Lake Sabrina, dessen kristallklares Wasser sich inmitten steil aufragender Gipfel spiegelt. Die Wanderung entlang der Südseite des Sees bietet unvergessliche Ausblicke und führt weiter in die stille Abgeschiedenheit der Region.

Mammoth Lakes: Vom Winterwunderland zum Sommerparadies

Mammoth Lakes, eine charmante Kleinstadt, die im Winter als Skigebiet bekannt ist, entfaltet auch im Sommer ihren ganz eigenen Reiz und ist ein lohnenswerter Stopp auf dem Weg nach Norden. Mit etwa 8000 Einwohnern ist Mammoth Lakes das größte städtische Zentrum entlang des östlichen Sierra Nevada Korridors und bietet Reisenden alle Annehmlichkeiten. Umgeben von einer Vielzahl malerischer Seen gibt es hier zahlreiche Möglichkeiten für Outdoor-Aktivitäten in der warmen Jahreszeit.

Ein besonderes Highlight ist das Devils Postpile National Monument, eine beeindruckende Formation aus Basaltsäulen, die durch vulkanische Aktivitäten und Gletschererosion geformt wurden. Die

in die Höhe ragenden, gleichmäßigen Säulen sind ein faszinierender Anblick. In der Nähe liegt der Rainbow Falls Trail, der zu einem malerischen Wasserfall führt und das Naturerlebnis abrundet.

Devils Postpile: ein faszinierendes Naturwunder aus Basaltsäulen, geformt durch vulkanische Kräfte und Gletschererosion

15

Jan de Jonge

Jan de Jonge entdeckte bereits in jungen Jahren seine Liebe zu den Weiten und Abenteuern der USA. Heute lebt er in Colorado Springs und ist als Autor, Fotograf und Reiseblogger immer auf der Suche nach den versteckten Schätzen abseits der bekannten Pfade. Mit seiner Leidenschaft für besondere Momente und authentische Erlebnisse teilt er seine Erfahrungen und inspiriert andere, ihre eigenen Abenteuer zu finden.

Alpine Idylle: Glitzernde Bergseen und eine unberührte Natur laden zum Verweilen ein.

Sonora Pass: Die stille Alternative zum Tioga Pass

Der Weg nach Norden führt weiter zum Sonora Pass, einen der höchsten befahrbaren Pässe der Sierra Nevada und eine oft übersehene Alternative zum viel frequentierten Tioga Pass. Der California State Highway 108, der über den Sonora Pass verläuft, verbindet die östliche Sierra mit den zentralen Tälern Kaliforniens und bietet eine malerische Strecke abseits der Reiseströme. Der Highway windet sich durch den Stanislaus National Forest, vorbei an dichten Wäldern, glasklaren Bächen und weitläufigen alpinen Wiesen. Bemerkenswert ist, dass die Region rund um den Pass auch als Trainingsgelände für das Marine Corps für Hochgebirgs- und Kaltwetteroperationen genutzt wird.

Entlang der CA-108 gibt es zahlreiche Entdeckungsmöglichkeiten, die dazu einladen, mehrere Tage in dieser Region zu verweilen. Alpenwiesen, versteckte Bäche und abgelegene Waldwege warten darauf, erkundet zu werden. Die Fahrt über den Sonora Pass ist nicht nur eine landschaftlich reizvolle Erfahrung, sondern auch eine Reise durch die vielfältige Flora und Fauna der Region. Besonders im Spätsommer, wenn die Wiesen in voller Blüte stehen, wird diese Route zu einem unvergesslichen Erlebnis. Schließlich führt die Straße

Weite alpine Landschaften am Sonora Pass: ein Paradies für Naturliebhaber und Ruhesuchende

hinunter in die goldenen Täler des kalifornischen Hinterlands und bildet den krönenden Abschluss eines Roadtrips durch die Sierra Nevada.

Sonnenuntergang im Stanislaus National Forest: ein magischer Moment inmitten unberührter Wildnis

ANREISE
Die nächstgelegenen internationalen Flughäfen sind Los Angeles (etwa 370 Kilometer entfernt) und Las Vegas (etwa 420 Kilometer entfernt).

MOUNT WHITNEY
Mount Whitney (*fs.usda.gov/inyo*) ist der höchste Gipfel der kontinentalen USA und ein beliebtes Ziel für Wanderer und Bergsteiger. Die Umgebung bietet spektakuläre Ausblicke und eine Vielzahl an Wanderwegen, die durch die Sierra Nevada führen.

Mount Whitney Trail: 34 Kilometer, anspruchsvoll, da er erhebliche Höhenunterschiede und dünne Luft auf über 4400 Metern umfasst.
Lone Pine Lake Trail: 10 Kilometer, mäßig anspruchsvoll, eine gute Option für Wanderer, die nicht bis zum Gipfel von Mount Whitney möchten.

KENNEDY MEADOW
Kennedy Meadow ist ein ruhiger, abgelegener Ort in der Sierra Nevada (*fs.usda.gov/sequoia*), der perfekt für entspannende Wanderungen und Picknicks geeignet ist. Die Region bietet eine atemberaubende Naturkulisse und ist ein idealer Ausgangspunkt für Wanderungen in die High Sierra.

Kearsarge Pass Trail: 17 Kilometer, anspruchsvoll, führt durch alpines Gelände mit steilem Anstieg auf über 3500 Meter.
Big Pine Lakes Trail: 24 Kilometer, anspruchsvoll, verläuft durch hochalpines Terrain mit mehreren steilen Abschnitten.

DEVILS POSTPILE NATIONAL MONUMENT
Faszinierende Basaltformationen und der beliebte Wanderweg zu den Rainbow Falls. Von Mitte Juni bis Mitte September ist der Zugang nur über den Reds

Meadow Shuttle möglich (15 USD pro Erwachsener, 7 USD pro Kind). Außerhalb der Shuttle-Saison beträgt die Gebühr für die Zufahrt 10 USD pro Fahrzeug; Devils Postpile Access Rd, Mammoth Lakes, CA 93546, *nps.gov/depo*

Rainbow Falls Trail: Länge 8,7 km, leicht bis moderat, gut ausgebauter Trail mit überwiegend flachem Verlauf.

MAMMOTH LAKES
Mammoth Lakes (*visitmammoth.com*) ist ein beliebtes Ziel für Outdoor-Aktivitäten wie Wandern, Mountainbiking und Angeln. Die Region bietet eine Vielfalt an Landschaften, von klaren Seen bis hin zu alpinen Wäldern.

STANISLAUS NATIONAL FOREST
Der Stanislaus National Forest (*fs.usda.gov/stanislaus*) ist ein riesiges Waldgebiet, das sich nördlich des Yosemite National Park erstreckt und zahlreiche Wanderwege, Campingplätze und Aussichtspunkte bietet.

HINWEIS
Für den Besuch der National Forests und des National Monument werden je nach Nutzungsintensität unterschiedliche Gebühren fällig. Der Nationalparkpass „America the Beautiful" wird im Devils Postpile National Monument als auch in den National Forests anerkannt.

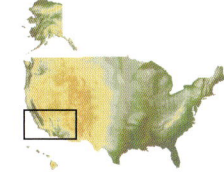

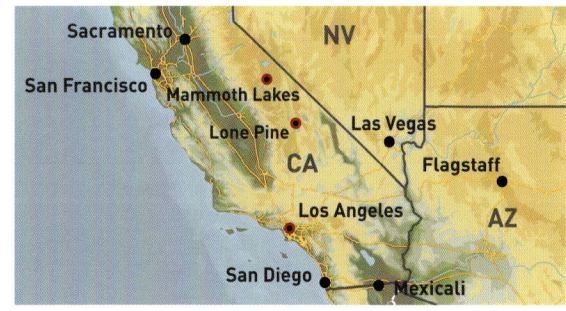

Vier besondere Tipps für Kalifornien

Die Skyline von Sacramento mit der beeindruckenden Tower Bridge im Vordergrund

1. Besuch in der Hauptstadt Sacramento

Die international wenig bekannte Hauptstadt Kaliforniens, Sacramento, wird von Touristen kaum beachtet. Doch die Stadt hat viel zu bieten. Der aus Baden stammende John Sutter gründete 1840 eine Festung am Zusammenfluss des Sacramento und des American River. 1849 wurde Gold entdeckt. Und Sacramento etablierte sich schnell als Sammelpunkt der Gold-berauschten Abenteurer. 1869 war Sacramento die erste Stadt im Westen, die an die transkontinentale Eisenbahn angeschlossen wurde.

In dieser schön gelegenen Stadt lassen sich kalifornische Geschichte und Gegenwart hautnah erleben, mit einzigartigen Attraktionen und hervorragender Gastronomie. Das Zentrum – Downtown und Old Town – ist fußgängerfreundlich. Fünf Millionen Bäume im Stadtkern bieten Schatten. Die lebhafte Altstadt ist sehr schön erhalten. Auf den erhöhten Holzwegen spielt sich das Nachtleben ab. Ebenfalls sehenswert: das California State Railroad Museum.

Eine typische Straße in Old Town zum Bummeln

State Capitol mit Turm und Rotunde im Erdgeschoss

Im State Capitol begegnen sich Kaliforniens Vergangenheit, Gegenwart und Zukunft. Das Gebäude dient als Museum und Regierungssitz. Besucher wandeln durch die Geschichte des Staates und erklimmen die oberen Stockwerke mit sportlichem Treppensteigen. Im ersten Stock sind die ursprünglichen Kammern zu sehen, als Kaliforniens Regierung noch in einem Gebäude untergebracht war. Der beeindruckende Mosaik-Boden im zweiten Stock besteht aus 600.000 Einzelteilen. In der Galerie der Gouverneure befinden sich Porträts der kalifornischen Gouverneure, darunter auch das markante Mixed-Media-Porträt von Arnold Schwarzenegger – kreiert vom Österreicher Gottfried Helnwein, dem ein kleiner Fehler beim Staatswappen unterlaufen ist.

2. Autonomes Taxi in San Francisco

Waymo One bietet seit kurzem autonome Taxifahrten für alle an. Dazu benötigen Urlauber lediglich ein Handy, eine Kreditkarte und Zugang zum Internet. Alles läuft über die App Waymo One für iPhone oder Android-Handy, die man vorher laden muss. Der beste Startpunkt für Waymo ist die Kreuzung Grand Avenue und Bush Street.

Man gibt den Standort und das Ziel ein. Waymo hat einen recht begrenzten Fahrbereich. Es funktioniert nur in San Francisco selbst, bis hinunter nach Daly City, jedoch sind Mautstrecken wie die Golden Gate Bridge oder die Oakland Bay Bridge nicht zugänglich. Die App zeigt den Preis

Autonom fahrende Waymos bei China Town

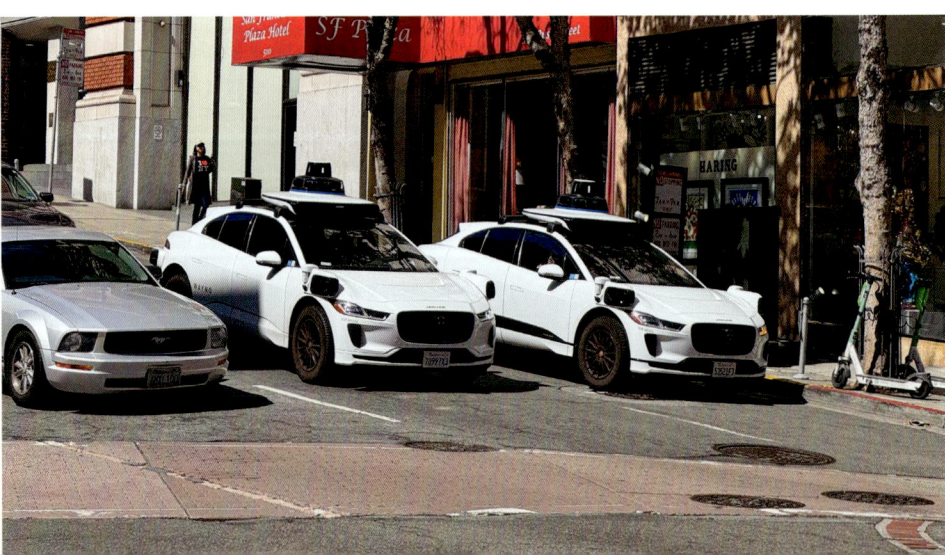

an: 17,45 US-Dollar für einen guten Kilometer im Zentrum, etwa eine achtminütige Fahrt. Die Kreditkarte wird mit einer Kaution von 25 US-Dollar belastet, die jedoch nicht abgebucht wird. Geduld ist geboten – Wartezeiten von 15 Minuten sind normal.

Die App zeigt die Wartezeit und die Route des Fahrzeugs an. Der Wagen kann einige Meter entfernt oder auf der anderen Straßenseite halten. Gäste können nur das von ihnen gebuchte Fahrzeug öffnen, das dank der jeweiligen Initialen erkennbar ist.

Handy und die App hält man bereit. Die Beifahrertür kann nur per Klick im App geöffnet werden. Waymo kann bis zu vier Passagiere mitnehmen. Der Wagen bewegt sich erst nach Anlegen des Sicherheitsgurts und beim Befolgen aller Anweisungen. Es ist nicht möglich, auf dem Fahrersitz Platz zu nehmen oder das Lenkrad zu bedienen. Das Audiosystem kann per Bluetooth Musik vom Handy abspielen. Waymo meistert ruhig, langsam und vorsichtig den Stadtverkehr. Falsch geparkte Autos erkennt es erst nach kurzem Warten und umfährt dann das Hindernis. Die Fahrt kann jederzeit auf dem Bildschirm abgebrochen werden. Zum Aussteigen zieht der Passagier zweimal am Türgriff. Die sanfte Stimme des Autos verabschiedet sich.

3. Schlemmerparadies in Costa Mesa

Ein Fest für Augen, Ohren und Gaumen! Der Mercado González im Orange County sorgt seit seiner Eröffnung für Schlagzeilen und ist am Wochenende ein beliebtes Ausflugsziel für Gourmets. Eine Mischung aus Food Court und Marktplatz – die Händler des Mercados bieten alles frisch vor Ort zubereitet an. Mehr als 20 Stände und ein festes Restaurant servieren regionale Speisen, die die Vielfalt der mexikanischen Kultur im Großraum Los Angeles widerspiegeln. Eine große Mezcal- und Tequila-Bar lädt an der langen Theke zum Verweilen ein. Am Wochenende spielen Latino-Bands auf der Bühne. Zwei Terrassen und eine große Innenhalle bieten zahlreiche Sitzmöglichkeiten. Außerdem gibt es frische Ware aus Bäckereien, einer Schlachterei und einem Fischhändler, sowie frisches Gemüse, Salsas, Guacamole, Tortillas, Obst und handwerkliche Kunstartikel von mexikanischen Herstellern.

Marion Renk-Rosenthal

lebt seit 1986 im Großraum Los Angeles, wo sie als Autorin und Produzentin für deutsche Medien tätig ist. 1997 schrieb sie ihr erstes Reisebuch. Seitdem genießt sie auch touristische Aufträge als Ausbilderin und Tourleiterin. Ihre Touren sind „Reportagen live vor Ort".

Tequila und Tortillas im Mercado González

Endstation der S-Bahn in Santa Monica

verfügen über ein gut ausgebautes öffentliches Nahverkehrsnetz: mit BART, SFMTA-Bussen und Metro. Auch San Francisco und Sacramento sind per Capitol Corridor Zug miteinander verbunden. Wein- und Skigebiete sind im Anschluss per Bus erreichbar.

Züge von Coast Starlight und Pacific Surfliner, beides spezielle Strecken von Amtrak, verbinden den Norden und Süden des Golden State. Auch Los Angeles und San Diego haben wachsende öffentliche Nahverkehrssysteme. Die Städte sind außerdem durch Amtrak, Metrolink, Coaster sowie Busdienste verbunden. Darüber hinaus verkehren Greyhound- und Flixbusse.

4. Kalifornien ohne Auto!

Es wird immer einfacher, ohne Mietwagen zu reisen. San Francisco und die Bay Area

SACRAMENTO

Anreise: Sacramento liegt jeweils zwei Stunden von San Francisco und Lake Tahoe entfernt und ist auch per Flixbus, Greyhound und Amtrak erreichbar.

Capitol Tour: Montag bis Freitag 9 bis 17 Uhr, Eintritt kostenlos, Touren auf englisch stündlich von 10 bis 16 Uhr (Anmeldung im Erdgeschoss „First come, first served", Broschüre auf Deutsch), Besucher müssen durch eine Sicherheitskontrolle; 1315 10th Street, Sacramento, CA 95814, *capitolmuseum.ca.gov*

California State Railroad Museum: 225.000 Quadratmeter mit restaurierten Eisenbahnwagen und Lokomotiven, die Eisenbahngeschichte veranschaulichen; täglich 10 bis 17 Uhr geöffnet, 12 USD Eintritt; 111 I Street, Sacramento, CA 95814, *californiarailroad.museum*

Old Sacramento: Restaurants, Clubs, Live-Musik und Boutiquen in historischen Gebäuden; *oldsacramento.com*

The Firehouse Restaurant: hervorragende saisonale amerikanische Küche in einem eleganten historischen Lokal mit Kamin und Garten; 1112 2nd St, Sacramento, CA 95814, *firehouseoldsac.com*

Hawks Provisions and Public House: stilvoller Gastro-Pub, bekannt für neue amerikanische Speisen und den besten Barmixer der Stadt; 1525 Alhambra Blvd, Sacramento, CA 95816, *hawkspublichouse.com*

Embassy Suites Sacramento Riverfront: bietet Blick auf die Stadt und den Fluss, nahe Altstadt und Tower Bridge, ab 250 USD; 100 Capitol Mall, Sacramento, CA 95814, *hilton.com/en/hotels/saceses-embassy-suites-sacramento-riverfront-promenade*

WAYMO SAN FRANCISCO
waymo.com/waymo-one-san-francisco

COSTA MESA

Mercado González Northgate: täglich von 6 bis 22 Uhr, kostenloses Parken; 2300 Harbor Blvd, Costa Mesa, CA 92626, *northgatemarket.com/mercado*

KALIFORNIEN OHNE AUTO

San Francisco: *sfmta.com, bart.gov*
Los Angeles: *metrolinktrains.com*
San Diego: *sdmts.com*
Busse: *flixbus.com, greyhound.com*
Züge: *amtrakcalifornia.com*

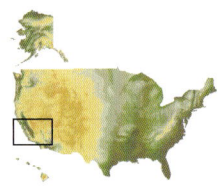

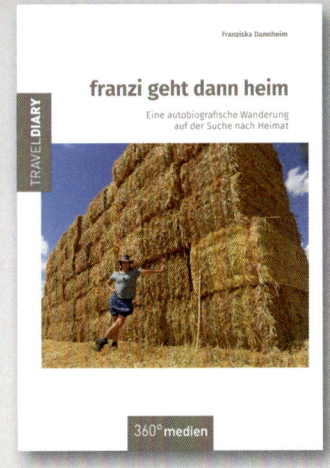
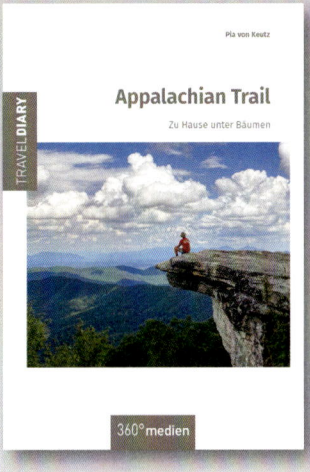

Legendäres Strandleben in Los Angeles

Manhattan Beach punktet bei Sonnenuntergang ...

Der Pazifik, die Berge, das Straßenbild und vor allem die Menschen machen Los Angeles zu einem der spektakulärsten Reiseziele der Welt. Speziell seine „Beach Cities" – von Venice und Malibu bis Manhattan Beach und Redondo Beach – sind weltbekannt und haben einen großen Einfluss auf Musik, Filme, Mode und Popkultur. Sie bieten neben Sonne, Sand und Surfen zudem ungezählte Möglichkeiten für Wellness und Erholung, Straßenkunst und Shopping, ein aufregendes Nachtleben und einige der besten Restaurants der Stadt. Besucher und Einheimische frönen dort Outdoor-Aktivitäten wie Surfen, Skaten, Wandern oder Radfahren.

... und mit seiner einzigartigen Steilküste.

„Die wunderschönen Strände von Los Angeles sind der Inbegriff des kalifornischen Lebens, mit unendlichen Möglichkeiten für einen perfekten Tag in der Sonne", so Adam Burke, President & CEO des Los Angeles Tourism & Convention Board. „Ob man durch die charmanten Kanäle von Venice schlendert, auf den Küstenwegen radelt oder von einem Pier den Blick auf den Ozean genießt – Besucher werden die atemberaubenden Landschaften und die entspannte, einladende Kultur unserer Küstenorte nie vergessen." Für detaillierte Informationen zu den Beach Cities hat Los Angeles Tourism einen umfassenden Reiseführer zusammengestellt.

Reisetipps für die Beach Cities

Venice Beach verkörpert den kalifornischen Lebensstil und bietet unvergessliche Erlebnisse. 1905 wurde der Ort vom Unternehmer Abbot Kinney gegründet, dessen Besuche in Italien ihn dazu inspirierten, ein „Venedig Amerikas" zu errichten. Auf einem Spaziergang lassen sich dessen historischen Kanäle mit ihren malerischen Brücken und begrünten Wegen leicht entdecken. Weitere Attraktionen sind der Abbot Kinney Boulevard sowie die lebhafte Strandpromenade. Der Hotspot an der Strandpromenade ist das Beach Recreation Center mit dem weltbekannten Skatepark und dem Muscle Beach Fitnessstudio, wo Arnold Schwarzenegger einst Gewichte stemmte.

Der vielleicht bekannteste Strand in Kalifornien: Venice Beach

Nördlich von Venice liegt Santa Monica mit dem berühmten Santa Monica Pier. Auf diesem befindet sich der Vergnügungspark Pacific Park mit einem historischen Karussell von 1922, abenteuerlichen Fahrgeschäften und dem Pacific Wheel. Das einzige solarbetriebene Riesenrad der Welt ermöglicht einen Panoramablick auf die Küste aus fast 40 Metern Höhe und ist, nachts hell erleuchtet, schon von Weitem sichtbar.

Von Santa Monica führt der Pacific Coast Highway in nördlicher Richtung nach Pacific Palisades. Dort liegt unter anderem der Will Rogers State Beach. Noch weiter gen Norden auf dem Pacific Coast Highway erreicht man die Strände und Parks von Malibu. Wer die Klippen am Point Dume State Beach erklimmt, wird mit dem Ausblick auf die sich brechenden

Wellen am Zuma Beach belohnt. Dieser ist einer der beliebtesten Strände von LA und diente als Kulisse für Taylor Swifts Video zu „22".

Südlich von Venice und vom Flughafen LAX befinden sich die malerischen Strandorte Marina del Rey, Playa del Rey, Dockweiler Beach und El Segundo, gefolgt von Manhattan Beach, Hermosa Beach und Redondo Beach. Diese sind über einen flachen, gepflasterten Radweg miteinander verbunden, der über etwa 29 Kilometer von Redondo bis Pacific Palisades führt. Der größte Teil der Radroute verläuft parallel zu Gehwegen, Promenaden und Wanderwegen im Landesinneren. Legendär ist beispielsweise der Pier am Manhattan Beach.

Redondo Beach: ideal auch zum Fahrradfahren

Unterwegs auf dem Highway 1 bei Malibu

Surfin' California

Gewagter Ritt auf der Welle

S

urfen an Kaliforniens Küste ist Kult. Wie Beach Boys, Hippies und VW-Camping-Bus. Bei den Locals gehört der Wassersport zum tagtäglichen Life Style. Urlauber begnügen sich oft mit Fotos. Dabei bieten Surf-Schulen Kurse für Einsteiger an.

Von weitem scheinen dunkle Vögel auf Wasser und Wellen zu sitzen und sich treiben zu lassen. Kommen die „Vögel" nah genug ans Ufer, stellen sie sich heraus als Sportsleute, die dem frönen, was in Kalifornien Kult ist: als Surfer mit ihren Brettern und in dunklen Wet-Suits. Die Neopren-Anzüge tragen alle, weil der Pazifik selbst im südkalifornischen Hochsommer kalt ist. Daher sehen alle von weitem auch gleich aus – bis das Wasser die Sportler im Rhythmus des Meeres zurück an Land trägt. Hier erweisen sie sich als er und sie, als jung und älter. Manche reiten die Wellen meisterlich, beenden ihren Ritt, indem sie vor dem Ufer elegant vom Board ins Wasser gleiten statt irgendwie herunterplumpsen.

Selbst die Welle reiten

Bei dem Anblick kommt oftmals Lust auf, es den Einheimischen gleich zu tun, und die Idee, das muss doch zu schaffen sein. Die Möglichkeiten dazu sind bequem entlang der State Route 1, genannt Pacific Coast Highway, gegeben. Die Reviere variieren: Mal rollen die Wogen auf Sandstrände zu wie in Santa Monica, mal auf felsige Küste wie bei Santa Cruz und La Jolla. Wie hoch die Wellen ihre Kämme auftürmen, ändert sich tagtäglich je nach Stärke und Richtung des Winds. Und wer auf den Geschmack gekommen ist, bucht

einen Kurs – zum Beispiel bei der Mary Osborne & Friends Surf School nahe Malibu in der kleinen Solimar Beach Colony.

Die Kolonie besteht aus einigen Häusern, darunter das Elternhaus von Mary und ihre Surf-School. Bis zum Beach sind es keine 30 Meter. Surferin Mary ist seit über 20 Jahren Profi ihres Sports, war bei Wettbewerben weltweit am Start und holte einige Preise. Mit ihren langen blonden Haaren unterm Baseball-Cap sieht Mary aus wie das Surfin' Girl from California überhaupt. Auch ihr Lifestyle war früh entsprechend: „Als Kind bin ich mit meinen zwei älteren Brüdern jeden Tag rauf auf die Boards, raus aufs Meer. Der Pazifik liegt ja direkt vor unserer Haustür. Der war mein Spielplatz."

Mary's Gruppe heuer hat zehn Erwachsene – alle unerfahren und aufgeregt. Mary: „Bitte entspannt Euch. Das Meer ist ruhiger, da wir keinen Starkwind oder Sturm hatten. Generell ist es wichtig, über das Wetter und die Lage auf dem Meer informiert zu sein." Das Gesagte ist schon Teil

Ulrike Wirtz

Ulrike Wirtz, Weltenbummlerin aus dem Rheinland, zieht es seit Studentenzeiten privat nach USA. Seit vielen Jahren schreibt die Journalistin über das Land der unbegrenzten Reise-Möglichkeiten und ist für ihre Recherchen oft wochenlang vor Ort in den Vereinigten Staaten unterwegs.

Mary Osborne ist waschechte Kalifornierin, wuchs am Pazifik in Malibu auf, ist seit mehr als 20 Jahren Surf-Pro und gelassen beim Unterricht.

Lektion am Huntington-Beach: Surf-Pro Ryan demonstriert den Ablauf beim Aufstehen.

Surf-Schulen haben oft kein Ladenlokal, sind online zu buchen und verleihen Boards und Wet-Suits. Damit kommen die Surflehrer zum vereinbarten Treffpunkt. Die Surf-Schulen bieten Einzelkurse und Gruppenstunden. Letztere kosten ab 79 bis 125 USD für meist eineinhalb bis zwei Stunden.

Malibu: Mary Osborne Surf Academy: Wer bei der Meisterin persönlich lernt, zahlt ab 200 USD für eineinhalb Stunden – inklusive Ausrüstung; *maryosbornesurf.com*
Santa Cruz: Surf School Santa Cruz, *surfschoolsantacruz.com* oder Pacific Surf Santa Cruz, *pacificsurf.com*
Los Angeles: Banzai Surf School, Huntington Beach, *banzaisurfschool.com* oder Los Angeles Surfing Lessons, Santa Monica und Venice Beach, *losangelessurfinglessons.com*
San Diego: San Diego Surfing School, *sandiegosurfingschool.com* oder Mission Beach Surfing School, *missionbeachsurfingschool.com*

der Theorie; auch folgendes: „Macht Euch klar, dass Surfen ein harter Sport ist, bei dem Ihr es mit Mutter Natur zu tun habt."

Jeder Teilnehmer hat derweil einen Wet-Suit zum Schutz angelegt. Und Mary's Team ist dazugekommen – für Hilfestellungen vor allem im Wasser. So auch Mary's Schwager Tim Gilbert, der wie ihr Gatte Lance ein bekannter Stunt-Man in Hollywood ist.

Von der Theorie ...

Die Basislektion besteht aus eineinhalb Stunden Theorie, Trockenübungen und Training im Wasser. Zur Theorie gehört

Hochgefühl eines Schülers nach seiner ersten Surf-Stunde in Malibu

auch, dass die Board-Spitze Nase heißt, und eine wichtige Devise ist: „Toes on the nose". Bedeutet beim Wellenritt: Der Surfer steht auf der Brettmitte leicht seitlich und verlagert via Druck auf die Zehen sein Körpergewicht auf die Brettnase, also nach vorn. „Mit Druck nach vorn kontrollierst Du das Board. Ohne den Druck geht der Körper in Rücklage, Du fliegst ins Wasser", sagt Mary. Gesagt, geübt, verstanden.

Nun gilt es, vom Brett aufzustehen: Bauchlage, sich hochstemmen wie beim Liegestütz, flugs Beine anziehen, auf die Füße kommen, stehen. Mary: „Der eine Fuß steht vor, der andere zurück – für den stabilen Stand. Daher auch Knie leicht beugen. Und Augen nach vorn." Als Trockenübung geht auch das. Also ab ins Meer, aber erst Board am Fußgelenk anleinen. Surf-Pro Tim: „Das dürft Ihr nicht vergessen, das Brett ist sonst weg. Das wird je nach Wellen und Sog gefährlich."

... ins Wasser

Im Wasser kommt direkt ganz andere Bewegung ins Spiel. Die Wogen schwappen nämlich hin und her. Liegen auf dem Board geht – aber sich hochziehen, stellen und stehen bleiben, das ist nun viel beschwerlicher. Wieder und wieder geht es unfreiwillig vom Brett ins Wasser. Doch die Pros sind da, halten das Board fest, helfen hoch, erinnern an die Verlagerung des Gewichts und die seitliche Position. Langsam wird es besser. Mann und Frau stehen. Aber an einen Ritt weiter draußen auf einer großen Welle ist nicht zu denken. Mary lacht, motiviert die Gruppe: „Der Anfang ist gemacht."

Aller Anfang ist schwer und sichtlich Fun; links Surf-Pro Mary

Nördlicher Highway 1

Ein Traum von einer Straße

Autor: Markus Seelbinder

Näher an der Felskante zum Meer liegen nur wenige Straßen: der Highway 1 bei Bodega Bay

Der wilde Pazifik, die gigantischen Redwoods, entspannte Orte und hervorragender Wein: Der Highway 1 im Norden Kaliforniens führt durch eine komplett andere Landschaft als der Streckenabschnitt im Süden des Golden State.

Der Highway 1 gehört zum Inventar in Kalifornien. Er ist einer der beliebtesten Strecken, um den Staat an der Westküste zu erkunden – und wahrscheinlich einer der beliebtesten Roadtrips des Landes. San Francisco nach Los Angeles, das ist für die Mehrheit der Reisenden die Route. Doch es gibt noch ein anderes Stück. Und das führt von San Francisco nach Norden.

Der Highway 1 führt von Dana Point südlich von Los Angeles bis nach Leggett in Mendocino County – auf halbem Weg nach Oregon. Von der Golden Gate Bridge bis zum Übergang nach Oregon sind es 418 Meilen oder 673 Kilometer. Die komplette State Route 1, so der offizielle Name, ist 656 Meilen oder 1056 Kilometer lang.

Legendäre Brücke

Und der Roadtrip beginnt gleich mit einem Highlight: Wer vom Flughafen kommt oder ein paar Tage in San Francisco verbracht hat, muss erst einmal über die Golden Gate Bridge. Darüber führt der Highway, anders kommt man nicht auf direktem Weg über die Bucht und den Pazifik. Was für ein Glück!

Der Muir Beach ist nicht weit von der Golden Gate Bridge entfernt – doch man ist in einer anderen Welt.

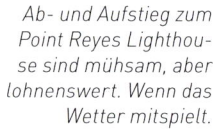
Und man kann noch so oft über diese Brücke gefahren sein, die 1937 fertiggestellt wurde – es ist immer wieder ein Erlebnis. Die riesigen roten Stahlträger vor Augen, die Stadt im Rückspiegel, den Wind in den Haaren. Allerdings: San Francisco und die Bay Area haben die interessantesten Mikroklimata. Es kann also auch sein, dass Fahrer und Beifahrer vor lauter Nebel gar nichts sehen. Dann lohnt es sich umso mehr, vom Highway abzubiegen und zu den Aussichtspunkten im Westen zu fahren, auf die Hügel hinauf. Denn von dort aus ist die Wahrscheinlichkeit groß, dass zumindest der Stahl aus Wolken und Nebel ragt – oder die Stadt sich sogar unter klarem Himmel am Horizont zeigt. Hinter der Golden Gate Bridge, von der Ausfahrt Stinson Beach an, geht es Richtung Pazifik, auf die oft exponierte und extrem kurvige Straße. Allzu zart besaitet sollte die Fahrgemeinschaft nicht sein, es

geht bergauf und bergab. Die Steilküste ist nie weit entfernt, manchmal führt die Straße direkt an der Kante entlang.

Weiter zu Fuß

Der erste Wanderstopp ist nicht weit entfernt von der Brücke, und doch erinnert hier nichts mehr an die laute, trubelige Stadt. Point Reyes ist die einzige National Sea Shore an der Westküste und Heimat von mehr als 1500 Tier- und Pflanzenarten. Hier leben Seeelefanten, Hirsche streifen durch die dichten Wälder. Hier ziehen die Wale zu Beginn des Jahres auf dem Weg in wärmere Gewässer vorbei, die Wildblumen blühen in bunten Teppichen im Frühjahr. Und wer gern Vögel beobachtet, kommt rund ums Jahr auf seine Kosten. Anstrengend, aber mehr als lohnend, ist der Abstieg zum Point Reyes Lighthouse. 308 Stufen geht es hinunter zu dem markanten Bauwerk – und 308 Stufen wieder hinauf Richtung Auto.

Weinreben und ...

Nach dem Marin County geht es direkt in eines der bekanntesten Weinbaugebiete des Landes: das Sonoma Valley. Auch um den Highway 1 herum liegen einige der mehr als 400 Weingüter. In Santa Rosa können Fans von Charles Schulz die Entstehung der Geschichten von Snoopy und

Ab- und Aufstieg zum Point Reyes Lighthouse sind mühsam, aber lohnenswert. Wenn das Wetter mitspielt.

Das Timber Cove Resort liegt auf einer Klippe. Hier lässt sich herrlich nach Walen Ausschau halten.

Charly Brown studieren. In den kleineren Orten wie Sebastopol oder Healdsburg genießen Besucher im meist mediterranen Klima das Dolce Vita – mit einem guten Wein aus der Region, in Bistros und Restaurants, die „farm to table" oder „sea to table" im Angebot haben.

Das hübsche Fischerörtchen Bodega Bay wählte Alfred Hitchcock einst, um dort den Thriller „Die Vögel" zu drehen. So düster und bedrohlich wie in dem Film sieht es allerdings in Wirklichkeit nicht aus, nicht mal, wenn der Nebel vom Pazifik rüber weht und für kühles, graues Wetter sorgt. So ein Tag ist ein idealer, um Michael Stusser einen Besuch abzustatten, am „Bohemian Highway".

... Wellness

Stusser hat sich hier in den 1960er-Jahren angesiedelt. Er hatte etwas im Sinn, das es damals noch gar nicht gab: Wellness. Ein Retreat. „Osmosis" hat er sein Reich genannt. Es sieht vom Highway, der hier eine ruhige Landstraße ist, eher aus wie eine Ranch aus dem Wilden Westen des ausgehenden 19. Jahrhunderts. Und weil Stusser als junger Gärtner viel Zeit in Asien verbracht hatte, importierte er einige Ideen. Einen Bambuswald hat er an seinem Haus angepflanzt. In dem wunderschön angelegten Feng-Shui-Garten

merken Besucher, wie sich eine innere Ruhe ausbreitet. Ein wohl bis heute einzigartiges Angebot sieht ganz unspektakulär aus und steht auf dem Spa-Menü als „Cedar Enzyme Bath": Die Gäste sitzen dabei in einer großen Holzkiste – darin fermentieren Zedernspäne und Reiskleie. Die Enzyme, die bei dem Prozess entstehen, sorgen für wohlige Wärme, schwemmen Schädliches aus dem Körper und sind nebenbei noch gut für die Haut.

Michael Stusser ist ein Beispiel dafür, wie jemand auszog in die Welt und im Sonoma County einen optimalen Ort fand, um seinen Traum umzusetzen. Ein anderes ist die Sea Ranch, gut 50 Meilen nördlich vorbei am Timber Cove. Mehr Steilküste, mehr wunderschöne Strände und enge Kurven. Und an einigen Projekten, bei denen der Highway ein paar Meilen weiter ins Land gelegt wird. Denn jeder Wintersturm nimmt sich Land von der Steilküste. Daher hat die Straßenbehörde schon vor Jahren begonnen, die besonders küstennahen Abschnitte zu verlegen.

Sea Ranch also, noch so ein Utopia aus den 1960er-Jahren. Die Pazifikwellen vor der Tür, der dichte Wald und die Berge gleich hinter dem Haus. Kleine Holzhäuschen, eine Poststation, ein Makler – und die eigentliche Ranch. Mit Restaurant, Shop und viel Platz für diejenigen, die

Im Humboldt-Redwoods State Park ist die Straße zu allen Seiten hin gesäumt von Mammutbäumen.

sich hier regelmäßig treffen. Menschen aus dem Umland. Maynard Hale Lyndon zieht hier gelegentlich Ausstellungen auf, seine Frau und er leben schon seit vielen Jahren in der Region. Sein Bruder Donlyn war einer der Architekten dieses Projekts, das Architektur und Natur in Einklang bringen wollte.

Dichte Wälder

Je weiter man nun kommt auf diesem Highway 1, um so dichter werden die Wälder auf der Ostseite der Straße: die berühmten Redwoods. Die Mammutbäume fühlen sich hier wohl. Nicht direkt am Wasser, da ist die Luft zu salzig. Denn sie sind zwar riesig, diese Bäume – aber sie sind auch etwas divenhaft. „Logging", die Holzindustrie, war einst ein großes Geschäft in der Region um Fort Bragg, hier führen noch heute Schienen mitten durch den Wald. Allerdings fährt kein Zug mehr, sondern Besucher können sich selbst über die Gleise transportieren, auf einem Railbike. Das liegt mit seinen vier Reifen auf den Schienen, über Pedale und einen Elektromotor wird es angetrieben. Und vermittelt aus nächster Nähe, warum Menschen zum Waldbaden gehen oder sich unter einem riesigen Blätter- oder Nadeldach so wohlfühlen. Es ist still, nur der Wind in den Baumkronen ist zu hören. Man will einfach unter diesen Bäumen bleiben.

Das ist kein Problem, selbst wenn der Highway 1 schon zum 101 geworden ist und man sich langsam der Staatengrenze zu Oregon nähert. Hier nämlich ist die Avenue of the Giants, die rechts und links gesäumt ist von den Redwoods. Die Straße bleibt kurvig und die Aussicht grandios. Zeit also, wie überall auf der Strecke, ausführliche Pausen zum Genießen einzulegen.

visitcalifornia.com/de

ANREISE
Nonstopflüge mit Condor, Lufthansa und United von Frankfurt/Main respektive München nach San Francisco.

UNTERKÜNFTE
Timber Cove: schickes Hotel direkt am Pazifik, etwa auf der Hälfte der Strecke zwischen San Francisco und Leggett, ab 300 USD; 21780 Highway 1, Jenner, CA 94540, *timbercoveresort.com*

Little River Inn: nachhaltiges Hotel direkt am Wasser, das in der fünften Generation geführt wird, ab 169 USD; 7901 N. Highway 1, Little River, CA 95456, *littleriverinn.com*

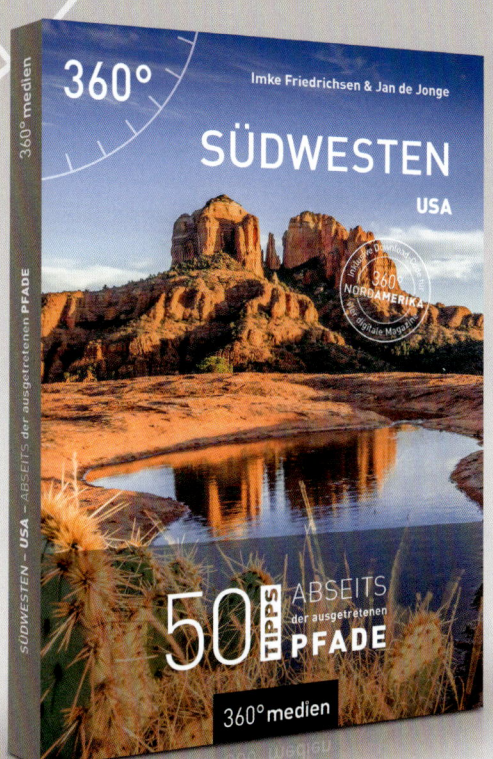
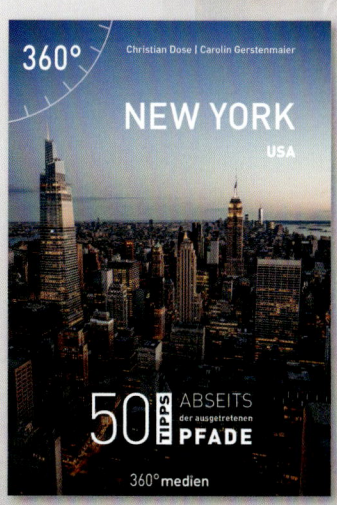

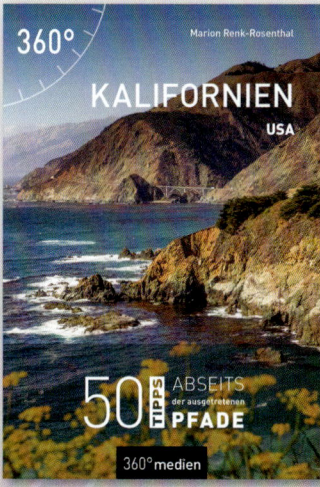

Philadelphia

Trendsetter mit Historie

Autor: Christian Dose

Blick über den Benjamin Franklin Parkway auf die Skyline von Philadelphia

Elfreth's Alley als angeblich älteste Gasse der USA begeistert mit mediterranem Flair.

E s ist die Stadt der liebenswerten Gegensätze: Hier die älteste durchgehend bewohnte Straße des Landes, dort progressive Streetart in ungeahnter Vielzahl. Einerseits handfeste lokale Gerichte, andererseits französisch inspirierte Gaumenfreude, dazu einzigartige Historie rund um die Gründung der Nation und erstklassiger Kulturgenuss. Menschen wie Jane, Conrad oder Matt lassen es sich nicht nehmen, Besucher in die Geheimnisse „ihrer" Stadt mitzunehmen. Plädoyer für einen Städtetrip nach Philadelphia. Und ein Ausblick: 2026 begeistert die Stadt als Austragungsort für die Fußball-WM und mit dem 250-jährigen Jubiläum der Unabhängigkeit – sowie mit dem 50. Geburtstag des Filmklassikers „Rocky".

Start in Old Town

Wer in den USA eine Altstadt nach europäischem Maßstab sucht, wird hier fündig. Eine schmale Gasse, Haus an Haus eng gereiht. Pittoreske farbenfrohe Blumenkästen, Kopfsteinpflaster. Die Häuser hier an der Elfreth's Alley gelten als die am längsten bewohnten im ganzen Land. Ein Streifzug durch Old Town gilt als bester Start, Philadelphia zu erleben – idealerweise mit einem Guide von Founding Footsteps Tours. Schließlich fasziniert Philadelphia als „Wiege der Nation", nachdem hier 1776 die Unabhängigkeit verkündet und später die Verfassung beschlossen wurde.

Doch Old Town hat noch mehr zu bieten: Zu den Must-Sees zählt die Christ Church, die wohl geschichtsträchtigste Kirche der USA mit Mitgliedern wie George Washington, John Adams und Benjamin Franklin. Umfassend über die Amerikanische Revolution informiert das Museum of the American Revolution. Prunkstück der Sammlung: das Zelt von George Washington aus der Zeit des Revolutionskriegs.

Und nur wenige Schritte entfernt lässt man sich die lokale Spezialität schmecken: Campo's, ein Familienbetrieb seit 1947, zählt zu den Topadressen für ein Philly Cheesesteak – Steak, Zwiebeln, Käse.

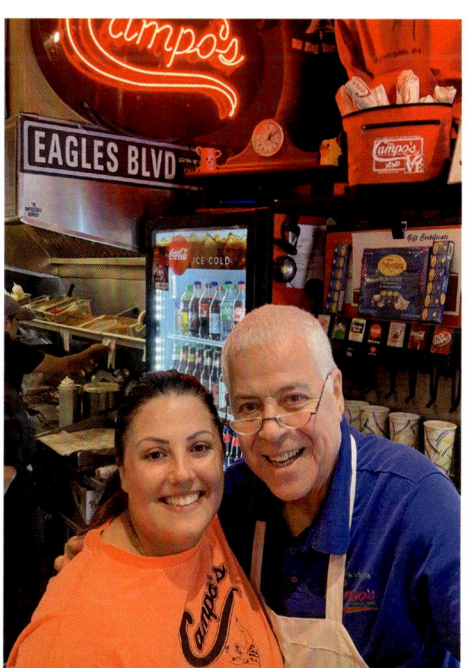

Mike Campo und seine Tochter Mia servieren mit die besten Philly Cheesesteaks.

Geschichte pur: In der Independence Hall wurde die ...

... amerikanische Unabhängigkeit verkündet – wenige Schritte entfernt ist die Liberty Bell ausgestellt.

Historie hautnah

Berühmt ist die „Stadt der brüderlichen Liebe" (übersetzt aus dem Griechischen) für ihre Liberty Bell – eines der Symbole der Unabhängigkeit von 1776. Die Glocke läutete erstmals anlässlich der ersten öffentlichen Lesung der Erklärung. Das Liberty Bell Center ist seit 2003 ihr angemessenes Zuhause. Gleich gegenüber ein geschichtsträchtiges Gebäude: die Independence Hall. Hier wurde 1776 die Unabhängigkeit verkündet, später auch die Verfassung beschlossen. Während kurzer Führungen lässt sich der Ostflügel besichtigen: Hier tagten einst George Washington und andere Delegierten – die beiden Räume sind ein eindrucksvolles Zeugnis amerikanischer Geschichte. Mehr Historie geht nicht. Und ebenfalls an der Independence Mall: die Mint. In der ältesten Münzprägeanstalt der USA lässt sich beobachten, wie die Münzen geprägt werden. Über die Historie der Währung informiert eine Ausstellung, während im Souvenir-Shop Sondermünzen in jeglicher Preislage warten.

Kathy Mirano, Chefin des philippinischen Restaurants Tambayan im Reading Terminal Market

Lebensfreude

Nach viel spannenden Geschichten empfiehlt sich ein Abstecher zum Reading Terminal Market, einem der größten und ältesten Märkte der USA. Seafood oder Südstaaten-Küche, Spezialitäten aus Georgien oder von den Philippinen: Bei mehr als 80 Ständen bleibt kein kulinarischer Wunsch unerfüllt. „Viele Stände existieren seit mehreren Generationen oder sind untereinander familiär verbunden", berichtet Matt von City Food Tours.

Nummer 1 für Murals

Mehr als 4400 Murals zieren die Wände der Häuser. Bei einer Führung betonen Jane Golden, Geschäftsführerin von Mural Arts Philadelphia, und ihr Projektmanager Conrad Benner die Vielfalt an Künstlern und Botschaften. Kaum eine Straße glänzt nicht farbenfroh. Kein Wunder, dass die Leser von USA Today die Stadt zur Nummer 1 der Straßenkunst wählten. Aktuelle Themen kommen nicht zu kurz: Im Herbst 2024 riefen Streetart-Künstler zur Teilnahme an der US-Wahl auf.

Murals, auch zu aktuellen Themen, prägen die Stadt und ermuntern zu geführten Stadtrundgängen.

Am Delaware River

Panoramablick

Fast noch ein Hidden Gem: die Besucherplattform der City Hall in 167 Metern Höhe. Unvergesslich der Blick von Downtown bis zum Museum of Art. Der Renaissance-Bau mit mehr als 500 Büros gilt als eines der größten Verwaltungsgebäude der USA – und ist nicht nur wegen der elf Meter hohen Statue von Stadtgründer William Penn an der Spitze sehenswert.

Entspannung

Was Philadelphia fürs Sightseeing so attraktiv macht, sind die kurzen Wege. Vieles lässt sich gemütlich per Fuß entdecken. Und das brachte der Stadt die Auszeichnung der fußgängerfreundlichsten Stadt der USA ein! Gerade Penn's Landing, wo einst 1682 der Stadtgründer am Delaware River an Land ging, ist prädestiniert für einen Abstecher. Alternativ findet sich in den Parkanlagen immer ein gutes Plätzchen fürs Innehalten, beispielsweise am Franklin Square.

Vom Aussichtsdeck der City Hall ...

... eröffnet sich eine unvergessliche Aussicht auf die Stadt, beispielsweise mit dem Museum of Art.

Kunstgenuss

Und was wäre ein Besuch von Philadelphia ohne einen Abstecher zur legendären Statue aus dem berühmten Film „Rocky". Ganz wie im Film, der 2026 sein 50-jährige Jubiläum feiert, rennen Besucher die Stufen am Museum oft Art hinauf. Doch das Museum ist mehr als Selfie-Spot für den Kinofilm. Das Haus gilt als eines der herausragenden Kunstmuseen im ganzen Land. Gerade die Sammlung europäischer Künstler (beispielsweise Cézanne und Renoir) aus der Zeit des Impressionismus und der Renaissance zählen zum Besten, was es in den USA und darüber hinaus zu sehen gibt. Ebenfalls sehenswert: die Schau zeitgenössischer amerikanischer Kunst.

Das Museum of Art ist wohl das Prunkstück der Museumsmeile des Benjamin Franklin Parkway. Entlang der breiten

Museumsmeile: Museum of Art (oben) und Barnes Foundation (unten)

Allee wetteifern mehrere Museen von Weltruhm um die Zeit der Besucher. Wer das Besondere sucht, geht in die Barnes Foundation, die private Sammlung von Albert C. Barnes. Allein 181 Werke von

Die Statue am Museum of Art erinnert an den Blockbuster „Rocky" mit Sylvester Stallone.

Renoir sowie 69 von Cézanne sind hier ausgestellt – und zwar so, wie sie einst beim Kunstsammler zu Hause hingen!

Lebensart

So liebenswert gegensätzlich wie die Stadt präsentieren sich die Restaurants und Nachtleben: französische Bistroküche im Parc mit Blick auf den Rittenhouse Square, israelische Spezialitäten im K'far Café und Mexican Food im El Ves, während feine Jazz-Musik im Time und das älteste Pub der Stadt – das McGillin's Olde Ale House – fast nebeneinander liegen. Und für ein Drink zum Sonnenuntergang geht's in die Assembly Rooftop Lounge im Logan Hotel.

discoverphl.com

ANREISE
Philadelphia wird täglich nonstop von der Lufthansa-Tochter Discover Airlines ab Frankfurt/Main angeflogen und ist ganzjährig ein lohnendes Ziel.

AKTIVTÄTEN
Old City Historic Tour: 90-minütige Stadtbesichtigung in Oldtown für 30 USD; *foundingfootsteps.com*
Museum of the American Revolution: täglich geöffnet, 13 USD Eintritt; 101 S 3rd St, *amrevmuseum.org*
Liberty Bell Center: kostenlos, mit Sicherheitskontrolle, teils lange Wartezeiten; 101 S Independence Mall W, *nps.gov/inde*
Independence Hall: geführte Touren, 30 Tage vorher oder am Vortag um 17 Uhr reservieren (1 USD), alternativ früh morgens auf First-Come-First-Served-Basis, für Sicherheitskontrolle viel Zeit einplanen; 520 Chestnut St, *nps.gov/inde*
Mint: Montag bis Samstag geöffnet, kostenlos, mit Sicherheitskontrolle; 151 N Independence Mall E, *usmint.gov/about/mint-tours-facilities/philadelphia*
Reading Terminal Market: täglich 8 bis 18 Uhr; 1136 Arch St, *readingterminalmarket.org*
City Food Tours: Food-Touren wie beispielsweise 45 Minuten Reading Market Terminal für 25 USD; *phillysfoodtour.com*
Mural Arts Philadelphia: Stadtrundgänge ab 20 USD; *muralarts.org*
City Hall: Besichtigungen ab 16 USD; 1400 John F Kennedy Blvd, *phlvisitorcenter.com/CityHall*
Museum of Art: Donnerstag bis Montag, 30 USD; 2600 Benjamin Franklin Pkwy, *philamuseum.org*
Barnes Foundation: Donnerstag bis Montag, 30 USD; 2025 Benjamin Franklin Pkwy, *barnesfoundation.org*

ESSEN & TRINKEN
Campo's Philly Cheesesteaks: 214 Market St, *camposdeli.com*
K'Far Café: 110 S 19th St, *kfarcafe.com*
Parc: 227 S 18th St, *parc-restaurant.com*
El Vez: 121 S 13th St, *elvezrestaurant.com*
Time: 1315 Sansom St, *timerestaurant.net*
McGillin's Olde Ale House: 1310 Drury St, *mcgillins.com*
Assembly Rooftop Lounge: 1840 Benjamin Franklin Pkwy, *assemblyrooftop.com*

UNTERKUNFT
Club Quarters Hotel Rittenhouse Square: gediegenes Hotel mit eleganten Zimmern, perfekte City-Lage fürs Sightseeing, ab 180 USD; 1628 Chestnut St, Philadelphia, PA 19103, *clubquartershotels.com/philadelphia/rittenhouse-square*

BUSTOUR
Während man in mancher Stadt bei einer Rundfahrt oft im Stau steht, ist hier in Philadelphia die rund 90minütige Tour mit Big Bus (18 Haltestellen, ab 26 USD; *phillytour.com*) ein bequemer Ausflug.

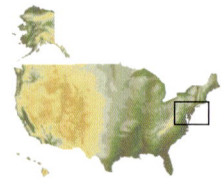

BEACHES

LIBERTY STATE PARK

CAPE MAY

Greetings from
NEW JERSEY
USA

SHOPPING

ATLANTIC CITY

DELAWARE WATER GAP

HERZLICH WILLKOMMEN IN NEW JERSEY

In direkter Nachbarschaft zu New York und Philadelphia, bietet New Jersey abwechslungsreiche Umgebungen – sanft hügelige Felder, zauberhafte Strände, majestätische Berge, historische Kleinstädte, steuerfreie Einkaufsmekkas, erstklassige Golfplätze, Weingüter und Großstädte mit reichhaltiger Kultur. Erleben Sie auf Ihrer nächsten Reise, was New Jersey für Sie bereithält.

Code scannen oder besuchen Sie **VisitNJ.org/de** für weitere Informationen und Zugriff auf Ihren kostenlosen offiziellen Reiseführer.

New Jersey
visitnj.org

#visitnj

Deutsche Wurzeln am Ohio River

Architekturikone und Meilenstein der Ingenieurskunst: die Roebling Bridge über den Ohio River

Erinnert an New York City: Häuser im Italianite Style

Mitte des 19. Jahrhunderts war Deutschland von Armut und politischen Unruhen gebeutelt. In den USA hingegen rückte die Zivilisationsgrenze unaufhaltsam nach Westen vor. Um weiteres Wachstum zu ermöglichen, haben etablierte Amerikaner seinerzeit versucht, abenteuerlustige Bewohner des Rheintals für eine goldene Zukunft am Ohio River zu begeistern: einem mächtigen Fluss, der an den heimischen Strom erinnert, und der weiter westlich in den Mississippi mündet. Wer sich überzeugen ließ, musste in der neuen Heimat zwar auf Burgen und Weinstöcke verzichten. Dafür aber gab es in Cincinnati Hoffnung.

Auch als Street Art beeindruckend: Cincinnatis bewegte Geschichte

Fünftgrößte Stadt der USA

Wie Stadthistoriker Craig Manness berichtet, war Cincinnati damals die fünftgrößte Stadt Nordamerikas. Ein Ende des Booms schien nicht in Sicht, denn wie der Stadtführer erklärt, sollte der just fertiggestellte Miami and Erie Canal „Cincy" noch weiter nach vorne bringen. Die Wasserstraße verband den Ohio River über 441 Kilometer mit dem Lake Erie – und von dort mit dem Atlantik.

Viele Deutsche folgten dem Lockruf. Doch die Expats der ersten Stunde waren von Heimweh geplagt. Wann immer sie den nur 15 Meter breiten Kanal überquert haben, gingen sie „over the Rhine" – ein Ausspruch, der erst zum geflügelten Wort und später zum Namen eines nördlich der Innenstadt gelegenen Viertels wurde. Laut Manness lebten hier zeitweise 45.000 Menschen. Nur Manhattan war dichter besiedelt als OTR, wie man heute sagt.

Anders als in weiten Teilen der USA haben die Weltkriege in Cincinnati nicht dazu geführt, dass Hinweise auf deutsche Wurzeln aus dem Straßenbild radiert wurden. Schützenfeste und Gesangsvereine existieren bis heute. Der Kanal aber war weniger standhaft. Er konnte die Erwartungen nie erfüllen und wurde wieder zugeschüttet. Schlimmer noch: Cincinnati hatte ausschließlich in Wasserstraßen investiert. Daher führten alle Bahnlinien

an der Stadt vorbei, als die sogenannte Frontier weiter in Richtung Westen vorrückte. Von den Ambitionen der stolzen „Queen of the West" blieb wenig übrig.

Auch mit Over the Rhine ist es bergab gegangen. Erst in den 1990er-Jahren hat eine Renaissance eingesetzt, die dazu geführt hat, dass sich OTR zu einer der gefragtesten Neighborhoods Cincinnatis gemausert hat. Das liegt auch an knapp 900 Häusern, die aus Backstein errichtet, ziemlich schmal, meist drei bis vier Geschosse hoch und mit Feuertreppen ausgestattet sind. Es ist der sogenannte Italianite Style, der kurioserweise nicht auf Italiener zurückgeht, sondern den die Briten kultiviert haben.

Filmkulisse

Viele der Bauten sind rund um den Findley Market gruppiert, der seit 1852 ununterbrochen in Betrieb ist. Sie sind prächtig restauriert, in fröhlichen Farben gestrichen und dienen häufig als Kulisse für Filme, die eigentlich in New York City spielen. Doch der Markt und die umliegenden Bauten sind mehr als nur ein Szenenbild: In den Erdgeschossen haben sich Boutiquen angesiedelt. Und wer über die „Essen Straße" die Markthalle betritt, fühlt sich an den Mittelmeerraum erinnert. Food-Stände bieten hier eine Spezialität an, die es nur in dieser Region gibt: Goetta, eine schmackhafte Melange aus Maisbrei, Fleisch und Gewürzen. In Westfalen war sie früher als Stippgrütze bekannt.

Großflächiges Mural mit Bezug zur Sklavereigeschichte im National Underground Railroad Museum

Von Ohio ...

Doch es waren keineswegs nur deutsche Einwanderer für das Wachstum Cincinnatis verantwortlich. Schon vor der Immigrationswelle war die Stadt Schauplatz einer Massenflucht, denn sie ist nördlich des Ohio River im gleichnamigen Bundesstaat gelegen. Das Südufer hingegen gehört zu Kentucky und somit zu den Südstaaten. In den ersten Jahrzehnten des 19. Jahrhunderts haben Zehntausende geflüchtete Sklaven den Fluss überquert, um Zwangsarbeit und Demütigung zu entkommen. So ist der Mythos von der Underground Railroad entstanden. Wie das mit am Ohio River gelegene National Underground Railroad Freedom Center auf ergreifende Weise veranschaulicht, sah die Realität auch im Falle einer gelungenen Flucht wenig rosig aus: Ehemalige Sklaven wur-

Bunte Häuser mit eigentümergeführten Boutiquen am Findlay Market

Die Roebling Bridge ist auch als Singing Bridge bekannt.

Ralf Johnen

Ralf Johnen lebt als gebürtiger Rheinländer in Amsterdam. Der Journalist und Blogger (*boardingcompleted.me*) war schon mehr als 40 Mal in den USA. Upstate New York ist für ihn eine der am meisten unterschätzten Regionen des Landes.

den in Ohio geächtet und nur in Ausnahmefällen mit vollen Bürgerrechten ausgestattet.

... nach Kentucky

Kurz nach Ende des Civil War und der Abschaffung der Sklaverei wäre die Flucht aus Kentucky auch zu Fuß möglich gewesen, denn nach zehnjähriger Bauzeit wurde am 1. Dezember 1866 die John A. Roebling Suspension Bridge eröffnet. Die Brücke ist nach einem Ingenieur benannt, der in Thüringen als Johann August Röbling zur Welt kam. Für eine Weile war sie die längste Hängebrücke des Planeten, und, wichtiger noch, der Prototyp für die 1883 eröffnete und deutlich größere Brooklyn Bridge, mit der Roebling Architekturgeschichte geschrieben hat.

Entgegen der sonst in den USA üblichen Gepflogenheiten sind auch Fußgänger und Radfahrer auf der Brücke unterwegs, die es nach Covington zieht. Der Ort hat durch Roeblings Bauwerk einen Schub erhalten. Ein bis heute lebendiges Stadtviertel namens Mutter Gottes belegt, dass die Deutschen bald auch diesen Fluss zu überqueren wussten.

Lebensfreude am Fluss

Vor Ort entpuppt sich Covington als lebenswerte Kleinstadt mit Vintage Stores, guten Restaurants und einer „Main Strasse". Dass es sich auf dem Territorium des Bourbon-Staates Kentuckys befindet, macht sich bald bemerkbar. Bei Wenzel Whiskey etwa können sich Liebhaber aus dem Inhalt Dutzender Fässer ihren eigenen Blend zusammenstellen, der etiket-

Deutsche Einflüsse mögen allgegenwärtig sein, doch an der Grammatik hapert es zuweilen.

Das American Sign Museum ist ein absolutes Highlight.

tiert und versiegelt wird. Noch origineller ist der Revival Vintage Bottle Shop, dessen Betreiber jahrzehntealte Spirituosen für Preise ab 500 Dollar aufwärts zum Verkauf anbieten. Verkosten aber kann man viele seltene Tropfen vor Ort bereits ab fünf Dollar. Kurzum: In Covington lässt es sich leben. Und zu den NFL-Spielen der Bengals gehen die Locals zu Fuß.

Doch das junge Cincy hat noch mehr zu bieten. Den Smale Riverfront Park etwa, oder das von Zaha Hadid entworfene Contemporary Arts Center. Absolutes Highlight ist das American Sign Museum. Besucher können hier Hunderte Exponate bewundern – darunter im Vintage-Design gestaltete Motelschilder und Werbung für längst verblichene Unternehmen. So wird das Neonschild endlich als eigenständige Kunstform geadelt.

Auch scheint Cincinnati seinen Optimismus zurückgefunden zu haben. Seit Kur-

In einer Stadt mit deutscher Historie sind Brauereien wie Rhinegeist eine sichere Bank.

zem wächst die Stadt (310.000 Einwohner, in der Metropolregion sogar 2,2 Mio.) wieder. Sogar die Kombination aus Bier und deutscher Sprache ist zurück: Der angesagteste Laden der Stadt ist die Rhinegeist Brewery. Sie ist in einem ehemaligen Lagerhaus untergebracht und verfügt über eine Dachterrasse mit Blick auf Over the Rhine und den Ohio River.

---

visitcincy.com

ANREISE
British Airways bietet als zurzeit einzige Airline fünf Mal pro Woche einen Nonstopflug von London nach Cincinnati an. Sonst mit Umstieg z.B. mit Lufthansa und United über Newark.

AKTIVITÄTEN
American Sign Museum: Mittwoch bis Sonntag geöffnet, Eintritt 20 USD; 1330 Monmouth Avenue, Cincinnati, OH 45225, *americansignmuseum.org*
National Underground Railroad Freedom Center: Mittwoch bis Sonntag geöffnet, Eintritt 16,50 USD; 50 East Freedom Way, Cincinnati, OH 45202, *freedomcenter.org*
Findlay Market Food Tour: wechselnde Termine, Tickets 39 USD; 107 W. Elder Street, Cincinnati, OH 45202, *cincinnatifoodtours.com*

ESSEN & TRINKEN
Rhinegeist Brewery: täglich geöffnet; 1910 Elm Street, Cincinnati, OH 45202, *rhinegeist.com*
Revival Vintage Bottle Shop: Dienstag bis Sonntag geöffnet; 5 East Eighth Street, Covington, KY 41011, *revivalky.com*

UNTERKUNFT
Hotel Covington: angenehmes Boutique-Hotel auf der Kentucky-Seite, ab 300 USD; 638 Madison Avenue, Covington, KY 41011, *hotelcovington.com*

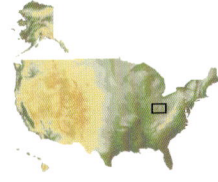

Kentucky

Outdoor unter der Erde

Von Ralf Johnen

Going underground: Höhlen wie die Lost River Cave sind in Kentucky allgegenwärtig.

Die Mammoth Caves sind eine Attraktion von Weltrang und Kentuckys einziger Nationalpark.

Gewiss, auch in Kentucky kann man wandern, reiten oder kanufahren. Die hügeligen Landschaften, aus denen mit viel Sinn für Dramatik der Morgendunst aufsteigt, drängen sich hierfür auf. Doch wenn im Bourbon State von „The Outdoors" die Rede ist, handelt es sich nicht zwangsläufig um die üblichen Aktivitäten unter freiem Himmel. Vielmehr spielen sich die spannendsten Naturerlebnisse unter der Erdoberfläche ab: Kentucky beherbergt mehr als 130 Höhlensysteme. Einige davon gehören zu den größten unseres Planeten.

Größtes bekanntes Höhlensystem

Am bekanntesten sind die Mammoth Caves, die zugleich der einzige Nationalpark des Bundesstaats sind. Auf halber Strecke zwischen Louisville und Nashville gelegen, handelt es sich um das größte bekannte Höhlensystem der Erde. Die Gänge breiten sich auf einer Länge von 650 Kilometern aus – und das ist nur der kartografierte Teil, denn die Katakomben sind so gewaltig, dass sie noch nicht bis in den letzten Winkel erforscht sind.

Ein populärer Kennenlernparcours ist die Frozen Niagara Tour. Eine gut ausgeleuchtete Rampe führt in die Tiefe. Bald aber ist mit Onyx Chamber eine Höhle erreicht, wo aus Stalagmiten und Stalaktiten bestehende Formationen ungläubige Blicke hervorrufen. Onyx Chamber wurde bereits 1799 entdeckt. Doch es ist erwiesen, dass Menschen bereits vor 4000 Jahren Spuren in den Mammoth Caves hinterlassen haben.

Weiter geht es mit dem Rainbow Dome, einem fast 15 Meter hohen Hohlraum. Es folgt jene Formation, die der Führung ihren Namen verliehen hat, weil sie an eine eingefrorene Version der Niagarafälle erinnert. Wissenschaftlern zufolge hat es 800.000 Jahre gedauert, bis Tropfwasser und Ablagerungen dem porösen Kalkboden zu seiner heutigen Form verholfen haben. Ein unvergesslicher Anblick, der zugleich Bestandteil eines sensiblen Ökosystems mit acht Fledermausarten und seltenen Spezies wie den Kentucky Cave Shrimp ist.

Oben grünlich, unten schwarz wie die Nacht: die Lost River Cave

Boote unter Tage

Ganz anders gibt sich die Unterwelt bei Bowling Green, einer an der Grenze zu Tennessee gelegenen Stadt, die auf höchst löchrigem Grund erbaut ist. Dies offenbarte sich im Februar 2014 auf dramatische Weise, als der Boden des National Corvette Museum nachgab und mehrere Sportwagen verschluckte.

In Bowling Green aber befindet sich auch die Lost River Cave, eine etwas mehr als zehn Kilometer lange Höhle, die über einen imposanten Natureingang verfügt. Voraussetzungen, die sich unterschiedliche Gruppen in wichtigen Phasen der Geschichte zunutze gemacht haben. So wurden an den Wänden Einträge gefunden, die beiden Parteien des Amerikanischen Bürgerkriegs zugewiesen werden

konnten. Später während der Prohibition wurde hier heimlich Alkohol produziert und konsumiert. Eine Entwicklung, der 1939 die Krone aufgesetzt wurde, als ein Geschäftsmann hier den Cavern Nite Club gegründet hat. Das Publikum wurde seinerzeit mit der Story angelockt, dass hier nach Überfällen der Outlaw Jesse James Quartier bezogen habe. Es ist ungeklärt, ob es sich dabei um eine Räuberpistole handelt. Fest steht indes, dass sich in der Höhle ein tiefer Fluss befindet, auf dem Boote Rundfahrten unternehmen. Eine Outdoor-Aktivität im Kentucky-Style.

Die Höhlen sind vielseitig verwendbar.

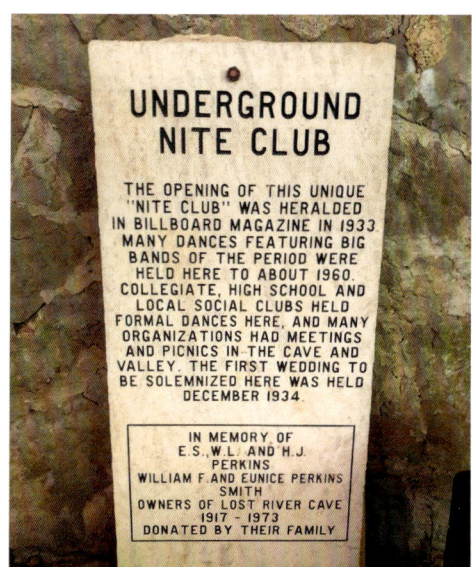

kentuckytourism.com

AKTIVITÄTEN

Mammoth Caves: täglich zugänglich, Besucherzentrum 8 bis 17 Uhr (oder länger), Führung 26 USD (Frozen Niagara Tour, 90 Minuten), weitere Besichtigungen ab 15 USD; 1 Mammoth Cave Parkway, Mammoth Cave, KY 42259, *nps.gov/maca*
Lost River Cave: Touren 24 USD; 2818 Nashville Rd, Bowling Green, KY 42101, *lostrivercave.org*

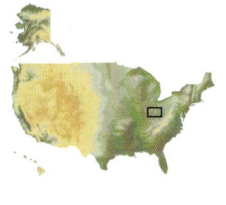

360° Kalender

360° Premiumkalender

Azoren 2025

Bretagne 2025

Dolomiten 2025

Island 2025

Premiumkalender	Format 50 x 35 cm
Alpen	978-3-96855-557-7
Australien	978-3-96855-510-2
Azoren	978-3-96855-539-3
Bayerische Alpen	978-3-96855-542-3
Berlin	978-3-96855-532-4
Bretagne	978-3-96855-527-0
Costa Rica	978-3-96855-536-2
Dolomiten	978-3-96855-518-8
Europas Magische Orte	978-3-96855-538-6
Gardasee	978-3-96855-517-1
Griechenland	978-3-96855-534-8
Hawaii	978-3-96855-523-2
Irland	978-3-96855-522-5
Island	978-3-96855-514-0
Japan	978-3-96855-531-7
Kanada – Der Westen	978-3-96855-511-9
Kanada – Nova Scotia	978-3-96855-529-4
Lofoten	978-3-96855-525-6
Namibia	978-3-96855-520-1
Neuseeland	978-3-96855-513-3
Nordlichter	978-3-96855-524-9
Norwegen	978-3-96855-519-5
Schottland	978-3-96855-515-7
Schweden	978-3-96855-535-5
Schweiz	978-3-96855-526-3
Sizilien	978-3-96855-540-9
Skandinavien	978-3-96855-530-0
Südsee	978-3-96855-537-9
Südtirol	978-3-96855-516-4
Sylt	978-3-96855-533-1
Toskana	978-3-96855-521-8
USA – Der Westen	978-3-96855-512-6
Vietnam	978-3-96855-528-7
Wales	978-3-96855-541-6

Jeweils 14 Kalenderblätter, Spiralbindung

26,95 €

360° medien I Nachtigallenweg1 I 40822 Mettmann I www.360grad-medien.de I info@360grad-medien.de

TRAUMKALENDER 2025
GEGEN FERNWEH

Südtirol 2025

Schottland 2025

Toskana 2025

Vietnam 2025

360° Exklusivkalender

NORWEGEN 2025
Limited Edition

IRLAND 2025
Limited Edition

Exklusivkalender | Format 70 x 50 cm

Australien	978-3-96855-544-7
Euopas Hoher Norden	978-3-96855-547-8
Irland	978-3-96855-551-5
Island	978-3-96855-546-1
Japan	978-3-96855-550-8
Kanada	978-3-96855-549-2
Namibia	978-3-96855-554-6
Neuseeland	978-3-96855-543-0
Norwegen	978-3-96855-545-4
Schottland	978-3-96855-552-2
Südtirol & Dolomiten	978-3-96855-553-9
USA – Der Westen	978-3-96855-548-5

Jeweils 14 Kalenderblätter, Spiralbindung

49,95 €

Mehr Infos und alle Kalenderblätter unter:
360grad-medienshop.de/kalender
Versandkostenfreie Lieferung innerhalb Deutschlands!

TEXAS

Bratwurst, Bier und Beethoven

Windmühlen für die Wasserpumpe gehörten auch auf den ersten deutschen Höfen in Texas zur Grundausstattung.

Im ländlich geprägten Hügelland zwischen Austin und San Antonio in Texas hat mindestens ein Viertel der Einwohner deutsche Wurzeln. Mitte des vorletzten Jahrhunderts suchten ihre Vorfahren ihr Glück in der Neuen Welt. Manche brachten es zu großem Reichtum. Ein Berliner wurde von seiner Ex-Geliebten erschossen.

Nur eine gute Autostunde westlich von Austin wähnt man sich plötzlich in der deutschen Provinz. Das Land rollt in sanften Hügeln am Autofenster vorbei. Weinstöcke tauchen neben der Straße auf, dann das Ortsschild von Fredericksburg. In dem Örtchen mit 11.000 Einwohnern mitten im idyllischen Texas Hill Country reihen sich der „Altdorfer Biergarten", der „Ratskeller" und die achteckige „Vereins-

Das älteste Haus von Fredericksburg aus dem Jahr 1847 steht heute im Pioneer Museum.

In der Dorfschule im Pioneer Museum zeigt die pensionierte Lehrerin Evelyn Weinheimer, wie Kinder in Texas früher Deutsch lernten.

kirche" an der Hauptstraße entlang. Im Umland arbeiten verschiedene Weingüter. Im „Pioneer Museum" sind neun Gebäude versammelt, vom alten Laden bis zur Schule, teils im Original, teils nachgebaut.

Vom Rheinland nach Texas

Die pensionierte Deutschlehrerin Evelyn Weinheimer leitet im Museum ehrenamtlich das Archiv. Sie kennt die ganze Geschichte der Gegend. Sie erzählt: „In den Jahren zwischen 1844 und 1848 lockte der sogenannte Mainzer Adelsverein hungernde Deutsche vom Mittelrhein mit

Hans Freiherr von Meusebach schloss einen Friedensvertrag mit den Comanche-Indianern.

der paradiesischen Aussicht auf 130 Hektar Land pro Person, mit Kirchen, Schulen und Krankenanstalten in die Neue Welt." 8000 Deutsche aus dem Westerwald und dem Taunus schifften sich damals in Bremen ein. Mit dem Paradies sei es aber so eine Sache gewesen, sagt Weinheimer, denn die Adeligen um Carl Prinz zu Solms-Braunfels hatten als Aktionäre der Auswanderungsgesellschaft vor allem ihren eigenen Profit im Sinn.

Auf den Prinzen Solms sind die Texas-Deutschen noch heute schlecht zu sprechen. „Er brachte das ganze Geld des Vereins durch, machte hohe Schulden und kehrte dann einfach zurück nach Braunfels", sagt Weinheimer. Allerdings erst, nachdem sein Nachfolger Hans Freiherr von Meusebach aus Dillenburg ihn aus der Schuldhaft freigekauft hatte. Meusebach, der in Texas als erstes seinen Adelstitel ablegte, war es dann auch, der erkannte, dass das vorgesehene Siedlungsland gänzlich ungeeignet war. „Nur Wald und Klapperschlangen", sagt Weinheimer. 1847 verhandelte Meusebach daraufhin einen Friedensvertrag mit den Comanchen, der bis heute als ungebrochen gilt. Neben der Vereinskirche sieht man Meusebach in Bronze gegossen mit einem Comanchen-Häuptling die Friedenspfeife rauchen. Danach konnte er mit 120 Siedlern Fredericksburg gründen. Benannt wurde das Städtchen nach dem Vereinsmitglied Prinz Friedrich von Preußen. Heinrich Kammlah baute mit seinem elfjährigen Sohn Heinrich Junior 1847 eines der ersten Häuser, nannte sich Henry und gründete einen Laden. Der steht noch heute.

Im Ersten Weltkrieg und danach haben viele der Texas-Deutschen ihre Identität geleugnet. Seit einigen Jahren ist die aber wieder durchaus gefragt. „My name is Kirchsteiner", stellt sich eine junge farbige Mutter mit Dreadlocks und Glitzersteinen auf den Sandalen in schönstem Texas-Akzent vor, als sie uns Deutsch reden hört. Bei ihrem Namen denkt man sich zunächst nichts Besonderes. In Texas gibt es viele, die für die US Air Force auf der Luftwaffenbasis Ramstein Dienst geschoben haben. Mancher oder manche hat dort sein Herz verloren. Frau Kirchsteiner stellt sich als eine der Nach-Nachfahren jener Deutschen vor, die in den 1840er-Jahren die Reise ins Unbekannte wagten und sich später mit anderen Bevölkerungsteilen vermischten.

Biergärten und Bienenstich

Im Städtchen New Braunfels, das nur ein paar Monate vor Fredericksburg gegründet wurde, ist das deutsche Erbe besonders präsent. Ein Viertel der Einwohner

Angelika Young hat in Krause's Biergarten in New Braunfels 23 deutsche Biere im Angebot.

hat deutsche Wurzeln. Braunfels im Hintertaunus ist Partnerstadt. Die Biergärten im Ortsteil Gruene sind in ganz Texas legendär. Und erst recht das „Wurstfest", das zehn Tage im November gefeiert wird. In „Krause's Cafe" sorgen Susi Christopher und Angelika Young dafür, dass möglichst originale deutsche Küche über den Tresen geht. Beide Frauen sind vor ein paar Jahren in die Vereinigten Staaten ausgewandert und freuen sich, dass Deutsche in diesem Umfeld gern gesehen sind. Sie tragen bunte Dirndl. Viele Amerikaner halten die eben für typisch deutsch. Vor allem das Jägerschnitzel und der Bratwurst-Sampler seien gefragt, erzählen beide. Aber auch Rheinischer Sauerbraten kommt schon mal auf die Speisekarte in Erinnerung an die ersten Siedler. Und Angelikas Mutter

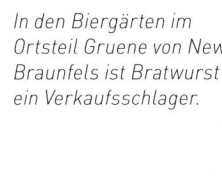

In den Biergärten im Ortsteil Gruene von New Braunfels ist Bratwurst ein Verkaufsschlager.

Dr. Martin Wein

Dr. Martin Wein arbeitet seit über 25 Jahren als freier Journalist und Buchautor. Er ist Vorsitzender der Vereinigung Deutscher Reisejournalisten e. V. Nach einem ersten Besuch der USA mit 16 Jahren hat er das Land immer wieder bereist und kam nun auch zum ersten Mal nach Texas. Als Historiker haben ihn die engen Verbindungen nach Deutschland besonders fasziniert.

backt echten Bienenstich und Donauwelle. In der Getränkekarte finden sich 23 deutsche Biere. „Wenn bei uns Polka-Abend ist, kommen locker 400 Leute", freut sich Angelika.

„Deutsche" Metropole

San Antonio, die siebtgrößte Stadt der USA, liegt nur 45 Fahrminuten von New Braunfels entfernt. Gute zwei Stunden bräuchte man von dort bis zur mexikanischen Grenze. „Aber auch wenn die spanisch-mexikanische Kultur die Stadt tief geprägt hat, gilt sie trotzdem als die deutscheste Metropole der USA", sagt Bürgermeister Ron Nirenberg. Sein Name ist eine Anglisierung von Nürnberg. Am Ufer des San Antonio River steht das „Little Rhein Prost Haus". Ein paar Blocks weiter im „King William District", von deutschen Kaufleuten nach dem Preußenkönig und späteren deutschen Kaiser Wilhelm I. benannt, hat der „Beethoven Männerchor" seine Proberäume und ebenfalls einen Biergarten. In der 205 East Guenther Street steht noch die prächtige Villa von Carl Hilmar Guenther. Der 23-Jährige

war nach der gescheiterten Revolution 1848 aus Deutschland emigriert, hatte in San Antonio eine Wassermühle gebaut und damit den Grundstein für den heute weltweit tätigen Nahrungsmittelkonzern C.H. Guenther & Son gelegt.

Berliner Schicksal

Weniger Glück brachte die Neue Welt dem Berliner Auswanderer Otto Koehler. Man stößt auf seine haarsträubende Geschichte etwas außerhalb des Stadtzentrums. Dort liegt der Pearl District mit seinen Ziegelsteinbauten. Das namensgebende Neorenaissance-Gebäude der ehemaligen Pearl-Brauerei beherbergt seit 2015, sorgsam in die alte Industriearchitektur integriert, das Luxushotel Emma. 1902 hatte Koehler die Brauerei übernommen, in der nach dem Rezept der Kaiser-Beck-Brauerei („Beck's") in Bremen mit viel perligem Schaum gebraut wurde.

„Nur acht Jahre später allerdings begann Koehlers Abstieg", berichtet Michael Joergensen, der Marketingchef des Hotels, bei einer Hausführung. Koehlers Frau Emma wurde bei einem Autounfall querschnittsgelähmt. Zu ihrer Pflege engagierte Koehler die Krankenschwester Emma Dumpke. Aber die kümmerte sich nicht nur rührend um die Patientin. Bald hatte Otto eine Affäre mit ihr. Als Dumpke ihrer Freundin Emma Bürgermeister davon erzählte, schloss die sich dem heimlichen Paar

Mitten in San Antonios Downtown steht das „Little Rhein Prost Haus".

an. Aber am 12. November 1914, einem Sonntagnachmittag zur Kaffeestunde, kam es zum Eklat: Emmi Dumpke hatte sich verlobt und Otto Koehler wollte nun wenigstens die blonde, schlanke Emma Bürgermeister heiraten. Die aber fühlte sich missbraucht, zog einen Revolver und brachte Otto mit drei gezielten Schüssen in Kopf und Herz ins Jenseits. Dann ging sie als Krankenschwester in den Ersten Weltkrieg.

Für die drei Emmas dagegen hatte die Geschichte ein Happy End. Emmi Dumpke heiratete. Emma Bürgermeister kehrte 1918 nach San Antonio zurück. Von einer Jury aus Männern wurde sie freigesprochen und heiratete einen der Geschworenen. Emma Koehler hatte ihr den Anwalt bezahlt. Als Alleinerbin machte die Witwe die Brauerei zur größten in Texas und zur einzigen, die die Prohibition überstand. „Nicht einen Mitarbeiter hat sie entlassen", sagt Joergensen anerkennend.

Er kann allerdings nicht sicher sagen, ob das große Emaille-Schild in der Hotelbar vielleicht noch von Otto Koehler stammt. Darauf steht in geschwungenen Lettern zu lesen: „Ein hübsches Magdlein lob ich mir, ein froehlich Lied, ein Krüglein Bier".

Im Hotel Emma in San Antonio erinnert noch manches an die Zeit, als das Gebäude eine Brauerei war.

---

traveltexas.com
visitfredricksburgtx.com
playinnewbraunfels.com

ANREISE
Condor fliegt saisonal nach San Antonio, Lufthansa ganzjährig nach Austin – jeweils nonstop ab Frankfurt/Main.

FREDERICKSBURG
Pioneer Museum: Montag bis Samstag, Eintritt 12 USD; 325 W Main St, Fredericksburg, TX 78624, *pioneermuseum.org*
Hoffmann Haus: Bed & Breakfast im Zentrum in verschiedenen Häusern und einer Hütte, DZ ab 170 USD; 608 East Creek Street, Fredericksburg, TX 78624, *hoffmannhaus.com*

NEW BRAUNFELS
Krause's Cafe und Biergarten: täglich außer Donnerstag; 148 S Castell Ave, New Braunfels, TX 78130, *krausescafe.com*

Gruene River Hotel and Retreat: Südstaaten-Style am Fluss, DZ ab 305 USD, 1235 Gruene Rd, New Braunfels, TX 78130, *grueneriverhotel.com*

SAN ANTONIO
Guenther House: Museum und Café, Eintritt frei, Mittwoch bis Sonntag 8 bis 14 Uhr; 205 E Guenther St, San Antonio, TX 78204, *guentherhouse.com*
Hotel Emma: Luxus in der alten Brauerei, DZ ab 275 USD; 136 E Grayson St, San Antonio, TX 78215, *thehotelemma.com*

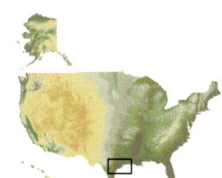

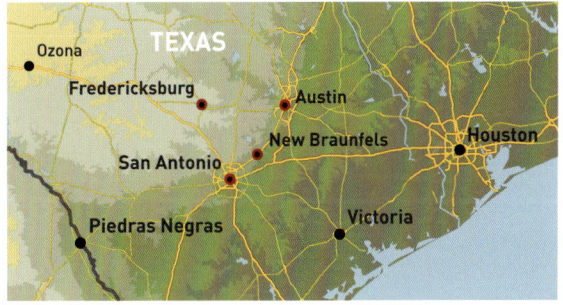

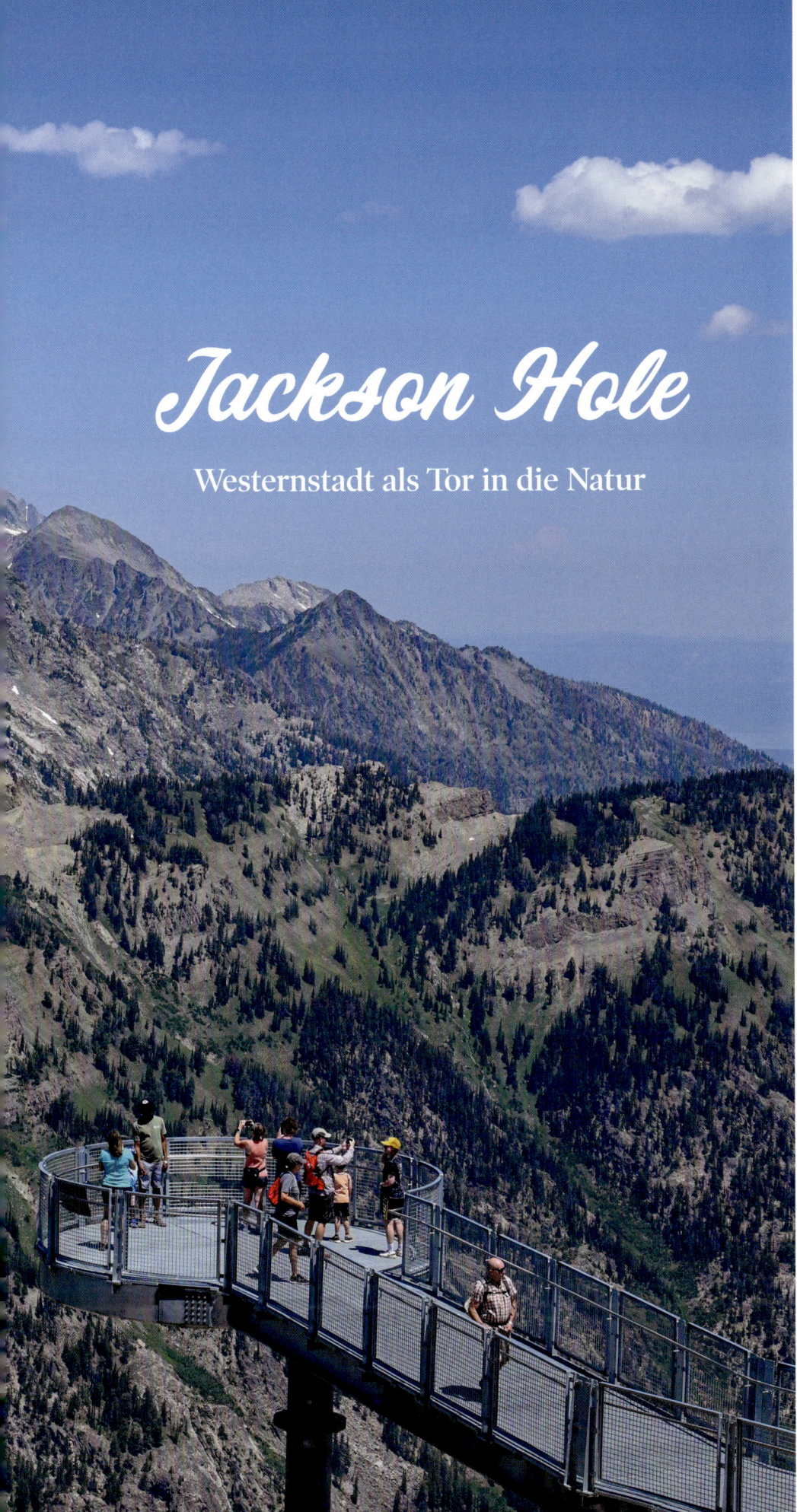

Jackson Hole

Westernstadt als Tor in die Natur

*Panoramablick und
Nervenkitzel auf dem
Grand Teton Skywalk*

Mit der Jackson Hole Aerial Tram hoch hinauf ...

... zum 3331 Meter hohen Rendevous Peak

Schon der Anflug verzaubert. Die bis zu 4200 Meter hohen Gipfel der Teton Range, davor der mäandernde Snake River, je nach Uhrzeit die untergehende Sonne hinter den Bergen: Noch bevor ich Jackson Hole tatsächlich erreiche, wird mir im Landeanflug an diesem Juli-Abend bewusst: Es tut gut, dem wohl bekanntesten Ort in den nördlichen Rocky Mountains erneut einen Besuch abzustatten. Und eben dieses Mal nicht nur auf der Durchreise auf einer sommerlichen Reise zu den berühmten Nationalparks Grand Teton und Yellowstone.

Schneller in die Natur und Weite des Landes kommt man wohl nirgends. Jackson ist der einzige Flughafen der USA, der in einen Nationalpark und per Linienflug erreichbar ist – beispielsweise ab Denver, New York oder Chicago. So bin ich schon gut 15 Stunden nach dem Start in Frankfurt/Main mitten in der Natur. Jackson, Hauptort des weiten Tals namens Jackson Hole, gilt als eines der schönsten Westernstädtchen der Rocky Mountains und überzeugt mit zahlreichen Aktivitäten. Ideal für einige Tage vor oder nach einem Roadtrip durch Montana und Wyoming.

Panoramablick

Am nächsten Morgen empfängt mich strahlend blauer Himmel – anders als zwei Jahre zuvor. Perfekt, um den Höhepunkt schlechthin zu genießen. Und das im wörtlichen Sinn: Mit der Jackson Hole Aerial Tram geht es binnen zwölf Minuten hoch auf den 3331 Meter hohen Rendevous Peak, mit einem Höhenunterschied von 1262 Meter die steilste Seilbahn der USA. Und schon die Bergfahrt beeindruckt. Doch noch imposanter ist der Blick vom Grand Teton Skywalk, einer verglasten Aussichtsplattform, die quasi frei über den Gipfeln schwebt. Von hier eröffnet sich Bergfans ein unvergesslicher Blick auf die schneebedeckten Gipfel der Teton Range – allen voran den 4199 Meter hohen Grand Teton, den höchsten Gipfel der Region. Auch auf den gleichnamigen

Nationalpark, den Bridger-Teton National Forest und viele Gipfel sowie das Jackson Hole Mountain Resort fällt der Blick. Einfach der beste Start für einen Besuch in Jackson Hole.

Und von hier aus sind es nur wenige Meter hoch auf die Spitze, erhaben als „Top of the World" getauft. Von hier wirkt die Glasplattform fast noch beeindruckender. Wer gerne wandert, kann sich hier wie in der ganzen Region über eine Vielzahl an unterschiedlich langen und schwierigen Wegen freuen. Ich drehe eine kleine Runde. Angesichts eines Höhenunterschieds von gut 3000 Metern binnen 36 Stunden (3331 hier zu 112 Metern in Frankfurt/Main) lasse ich es ruhiger angehen. Eines darf hier ober nicht fehlen: eine leckere Waffel von Corbet's Cabin. Köstlich, egal in welcher Variation.

Tipp: Im Preis für die Aerial Tram ist auch eine abendliche Fahrt mit der Bridger Gondola inklusive. Ebenfalls ein lohnender Ausflug und eine der raren Möglichkeiten in den gesamten Rocky Mountains, den Sonnenuntergang vom Gipfel aus zu genießen, zumindest für alle, die eine Gondel präferieren. Und für passende Getränke und Speisen ist auf dem Bridger Summit in 2772 Metern ebenfalls gesorgt. Neben Bergpanorama und Wanderwegen ist das Resort im Sommer übrigens auch für seine Mountainbike-Trails und einen ausgewiesen Klettersteig bekannt.

Am Jackson Hole Mountain Resort starten viele Wanderwege und Mountainbike-Trails. Berühmt ist das Tal auch für alljährliche Treffen der Notenbanker und Finanzminister.

Auf in die Natur

Natürlich, Jackson ist das Tor zu den beiden berühmten Nationalparks. Doch schon direkt vor den Toren der 11.000-Einwohner-Stadt erwartet einen das National Elk Refuge: Im Winter ist hier eine der größte Wapiti-Herden Nordamerikas heimisch, im Sommer lässt sich ebenfalls Wildlife beobachten. Urlauber können dann das Schutzgebiet selbst per Auto erkunden – oder sich einer geführten Tour im Ausflugsbus anschließen. Das Besucherzentrum bietet neben zahlreichen Informationen und Exponaten auch eine Aussichtsplattform.

Aussicht von der Terrasse an der Spitze der Bridger Gondola im späten Nachmittagslicht

Christian Dose

Christian Dose reist seit seinem 19. Lebensjahr regelmäßig in die USA und andere ferne Länder. Er verfügt über langjährige Erfahrung als Journalist, Pressesprecher und Berater für Public Relations. Er ist Chefredakteur des Reisemagazins 360° NordAmerika und Autor mehrerer Reiseführer.

Auch für Ausflüge auf dem Wasser ist Jackson bekannt. Je nach persönlicher Vorliebe können Reisende zwischen gemächlichen Floating-Touren auf dem Snake River und rasanten Wildwasserfahrten wählen. Auch Reitausflüge werden angeboten.

Western-Idylle und Sightseeing

Pünktlich um 18 Uhr wird die Vergangenheit lebendig! Täglich – außer sonntags (!) – wird am Town Square der Wilde Westen zum Leben erweckt. Schauspieler des Jackson Hole Playhouse erinnern an die gefürchtete Jackson Hole Shootout Gang. Wer einige Minuten vorher eintrifft, sichert sich einen guten Platz für das laustarke Spektakel am Town Square.

Das kurze Schauspiel empfiehlt sich als Abschluss einer Sightseeing-Tour. Rund um den Platz – unbedingt ein Foto oder Selfie von den Elk Antler Arches machen – finden sich zahlreiche Gale-

Kurzes Spektakel des Jackson Hole Playhouse am Town Square

rien, Boutiquen, Cafés, Souvenirläden und Geschäfte für Outdoor-Ausrüstung. Das Angebot übersteigt alles, was man sonst etwa in Bozeman, Cody oder West Yellowstone findet. Über die Vergangenheit informiert das History Museum. Fast noch ein Geheimtipp: Das National Museum of Wildlife Art, etwas außerhalb der Stadt, gilt als eine der besten Galerien und Ausstellungen der Region. Ein schönes Café für den Lunch und eine gute Aussicht auf das National Elk Refuge inklusive.

Million Dollar Cowboy Bar: Pub-Institution mit Live-Musik gegenüber vom Town Square

Live-Musik und Rodeo

Auch abends ist die Auswahl groß: Zahlreiche Restaurants und mehrere Mikrobrauereien bieten viel Abwechslung. Auch Bison und Elk stehen vielerorts auf der Karte – ein Tipp ist das Gun Barrel Steak and Game House: bekannt für Fleischgerichte (Steak, Bison und Elk) im früheren Wyoming Wildlife Museum. Live-Musik gibt's in mehreren Bars. Und wer nach der Western-Romantik Lust auf mehr hat, steuert das Jackson Hole Playhouse an. Täglich um 20 Uhr startet hier eine rund 70minütige Westernshow. Und Gäste, die hier ab 18 Uhr schon zum Dinner waren, sehen dann ihren Kellner auf der Bühne wieder. Alternativ geht es abends zum Rodeo – eine ureigene amerikanische Tradition. Außerhalb, mit Blick in die Natur, gilt Dornans als bester Platz für Pizza und Pasta.

Panoramablick zum Zweiten

Wen es auf die Gipfel zieht, der freut sich neben der Jackson Hole Aerial Tram über die Seilbahn zum rund 2400 Meter hohen Snow King Mountain. Nach nur fünf Minuten Fahrt liegen einem Jackson und das National Elk Refuge zu Füßen. Ebenfalls eine traumhafte Aussicht und Ausgangsort für mehrere Wanderwege. Doch das hiesige Ski Resort bietet noch mehr Aktivitäten: Ziplining ab der Bergspitze,

Blick von der Seilbahn des Snow King Mountain auf die Stadt

eine Sommerrodelbahn und seit neustem auch ein Observatorium. Das Outdoor-Paradies liegt am Rande der Stadt, fast fußläufig zum Town Square.

jacksonholechamber.com

ANREISE
Jackson (Flughafen-Kürzel JAC) ist von Deutschland aus per Umsteigeverbindung erreichbar, beispielsweise mit Lufthansa und United ab Frankfurt/Main und München via Denver oder Chicago.

AKTIVITÄTEN
Jackson Hole Aerial Tram: zwischen Mai und Oktober täglich 9 bis 17 Uhr, außerdem Dezember bis März, 60 USD; 3275 West Village Dr, Teton Village, WY 83025, *jacksonhole.com/summer-tram*

National Elk Refuge: kostenlos, aber gebührenpflichtige Touren; 532 N Cache St, Jackson, WY 83001, *fws.gov/refuge/national-elk*

The National Museum of Wildlife Art: täglich (außer Montag) 10 bis 17 Uhr, 18 USD Eintritt; 2820 Rungius Rd, Jackson, WY 83001, *wildlifeart.org*

Snow King Mountain: diverse Aktivitäten, Fahrt mit Sessellift 30 USD; 402 E Snow King Ave, Jackson, WY 83001, *snowkingmountain.com*

Jackson Hole Rodeo: Memorial Day-Wochenende bis Labor Day, 37 USD; 447 W Snow King Ave, Jackson, WY 83001, *jhrodeo.com*

ESSEN & TRINKEN
Dornans: perfekte Lage in der Natur, bekannt für Pasta und Pizza (ganzjährig) sowie Western-Küche im Chuckwagon (Sommer, auch Frühstück); 12170 Dornans Rd, Moose, WY 83012, *dornans.com*

Gun Barrel Steak and Game House: gute Fleischgerichte (Steak, Bison und Elk; 862 W Broadway, Jackson, WY 83001, *gunbarrel.com*

Local Restaurant & Bar: elegantes Restaurant mit moderner amerikanischer Küche; 55 N Cache St, Jackson, WY 83001, *localjh.com*

Million Dollar Cowboy Bar: beliebtes Pub, bis nach Mitternacht geöffnet; 25 N Cache St, Jackson, WY 83001, *milliondollarcowboybar.com*

Silver Dollar Bar: beliebter Pub mit Live-Musik; 50 N Glenwood St, Jackson, WY 83001, *worthotel.com/dining-entertainment/silver-dollar-bar*

Snake River Brewing: Mikrobrauerei und Pub-Küche; 265 S Millward St, Jackson, WY 83001, *snakeriverbrewing.com*

UNTERKUNFT
Cowboy Village Resort: gemütlich-geräumige Cabins mit Terrasse, fußläufig zum Town Square, ab 400 USD; 120 Flat Creek Dr, Jackson, WY 83001, *townsquareinns.com/hotels/cowboy-village-resort*

The Lodge at Jackson Hole: elegantes Resort mit Restaurant und Bar, Zimmer teils mit Kamin, großer Innen- und Außenpool, ab 500 USD; 80 Scott Ln, Jackson, WY 83002, *lodgeatjh.com*

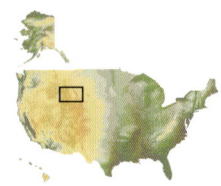

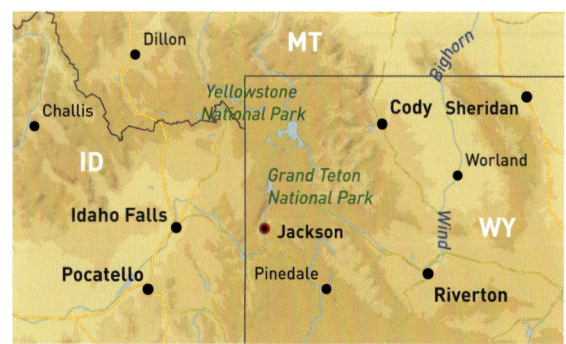

www.360grad-medienshop.de

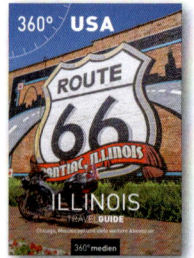

USA – ILLINOIS TRAVELGUIDE

50 Plätze sind im TRAVELGUIDE Illinois von zwei ausgewiesenen Amerika-Kennern portraitiert – damit Ihr Trip ganz unvergesslich wird und Sie die Schönheit des Bundesstaates genießen können.

360° medien, 272 Seiten, Preis 14,95 €
ISBN 978-3-96855-085-5

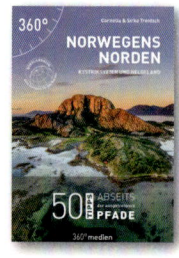

NORWEGENS NORDEN – KYSTRIKSVEIEN UND HELGELAND

Im Herzen Norwegens schlängelt sich die legendäre Europastraße 6 sowie der Kystriksveien durch die weite Landschaft, Dieses Buch dient als Wegweiser zu wenig bekannten Orten für kleine und große Auszeiten sowie überraschende Entdeckungen entlang dieser Strecken.

360° medien, 288 Seiten, Preis 16,95 €
ISBN 978-3-96855-508-9

Kanada im Wohnmobil

Wie findet sich der passende Platz zum Übernachten? Welches Wohnmobil passt zu mir? Wie funktioniert die Wasserversorgung? Dieses Buch liefert zahlreiche wertvolle Tipps rund um eine Reise mit dem „RV" (Recreational Vehicle, wie die Kanadier sagen).

360° medien, 288 Seiten, Preis 18,95 €
ISBN 978-3-96855-507-2

USA – NATURPARKS IM WESTEN

Egal, ob man mit dem Bus, einem Mietwagen oder dem Wohnmobil unterwegs ist – mit zahlreichen Tipps und Hinweisen zu 50 interessanten Reisezielen soll dieses Buch dabei helfen, dass der nächste Urlaub im Westen der Vereinigten Staaten zu einem unvergesslichen Erlebnis wird.

360° medien, 256 Seiten, Preis 16,95 €
ISBN 978-3-96855-008-4

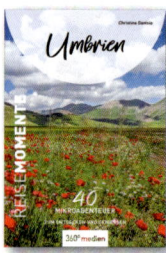

Umbrien – 40 Mikroabenteuer zum Entdecken und Genieße

Entdecken Sie in 40 ausgesuchten Mikroabenteuern Umbrien, sei es auf den Spuren der Kunst oder auf Wander- und Radtouren. Dieses Buch bringt Ihnen die Vielfältigkeit der Region näher und lässt auch die kulinarischen Höhepunkte nicht aus.

360° medien, 256 Seiten, Preis 16,95 €
ISBN 978-3-96855-399-3

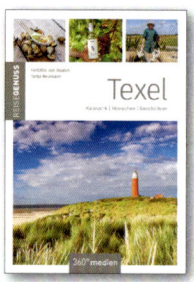

Texel REISEGENUSS

Lassen Sie sich auf eine Genussreise entführen und erleben Sie die niederländische Nordseeinsel mit allen Sinnen. Tauchen Sie ein in die kulinarische Welt Texels und lassen Sie sich inspirieren!

360° medien, 256 Seiten, Preis 24,95 €
ISBN 978-3-96855-503-4

Produkte mit der Rundumbetrachtung für Reisedestinationen rund um den Globus. Zusätzliche Informationen und Online-Bestellmöglichkeit unter: www.360grad-medienshop.de
Versandkostenfreie Lieferung innerhalb Deutschlands

Weitere Bücher, Magazine, DVDs, Kalender und mehr finden Sie online.

IRLAND – 50 TIPPS ABSEITS DER AUSGETRETENEN PFADE

Ob Geschichte, Kultur oder Natur – garantiert gibt es den einen oder anderen Ort abseits der ausgetretenen Pfade, den auch eingefleischte Irland-Fans noch nicht kennen.

360° medien, 256 Seiten, Preis 16,95 €
ISBN 978-3-96855-327-6

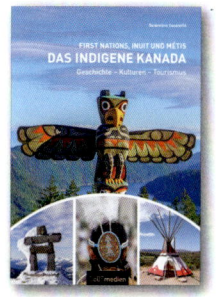

DAS INDIGENE KANADA

Geneviève Susemihl nimmt den Leser mit zu faszinierenden Orten und erzählt von persönlichen Erlebnissen und Begegnungen mit Mohawk, Blackfoot, Haida und anderen Indigenen in Kanada.

360° medien, 288 Seiten, Preis 24,95 €
ISBN 978-3-96855-319-1

WELTREISE DURCH DEUTSCHLAND

Mit diesem Buch kann man wohl die günstigste Weltreise seines Lebens machen! Es zeigt 50 Orte, an denen Sie die Welt mitten in Deutschland erleben können.

360° medien, 224 Seiten, Preis 19,95 €
ISBN 978-3-96855-275-0

360° UM DIE WELT
Alle Länder von Sonnenaufgang bis Sonnenuntergang

Start und Ziel dieses Buches ist die Datumsgrenze. Dazwischen liegen 360 Längengrade, 206 anerkannte und weniger anerkannte Staaten, Milliarden Menschen und unendlich viele Geschichten.

360° medien, 436 Seiten, Preis 19,95 €
ISBN 978-3-948097-81-3

360° USA DER WESTEN BROSCHÜRENKALENDER 2025

Mit den schönsten USA Bildern des Fotografen Christian Heeb. Aufgeklappt auf A3 Format (29,7 x 42 cm) bietet das Kalendarium Platz für Termine und Notizen.

360° medien, 28 Seiten, Format A4, aufgeklappt A3, Preis 12,50 €, ISBN 978-3-96855-575-1

360° KANADA DER WESTEN BROSCHÜRENKALENDER 2025

Mit den schönsten Kanada Bildern des Fotografen Christian Heeb. Aufgeklappt auf A3 Format (29,7 x 42 cm) bietet das Kalendarium Platz für Termine und Notizen.

360° medien, 28 Seiten, Format A4, aufgeklappt A3, Preis 12,50 €, ISBN 978-3-96855-574-4

360° medien | Nachtigallenweg 1 | 40822 Mettmann | Tel.: +49 2104 5063 100 | Fax: +49 2104 5063 156
Web: www.360gradmedien.de | E-Mail: info@360-gradmedien.de

Kanada etabliert vier neue Tourismus-Korridore

Hängebrücke in Bras du Nord

Neue legendäre Reise-Erlebnisse: Für dieses Ziel hat Destination Canada den Start von vier neuen Tourismus-Korridoren angekündigt und baut damit auf den Erfolg des letztjährigen Pilotprogramms auf. Die Tourism Corridor Strategy soll Tourismusorganisationen zusammenbringen, um neue ikonische Reiserouten zu entwickeln. Die neuen Tourismus-Korridore sind auf thematische Reiseerlebnisse ausgerichtet und stellen Fahrradrouten, kulturelles Erbe und Naturerlebnisse hervor.

Cycle Ontario und Québec

Dieser Korridor soll bestehende Fahrradrouten in Ottawa, Cornwall und Montréal verbinden und zudem neue und ganzjährig befahrbare Routen entwickeln. Dabei werden regionale Unternehmen, Kunsthandwerker und indigene Anbieter inkludiert, damit möglichst viele Menschen in der Region vom Tourismus profitieren. Radtourismus in Kanada erfreut sich immer größerer Beliebtheit, insbesondere in Québec. Laut Velo Québec lockt der Radtourismus in der Provinz jährlich 700.000 Touristen an.

Field to Fork in Saskatchewan und Manitoba

Die Region gehört zu den produktivsten Agrargebieten der Welt. Der Field to Fork-Korridor, der in Zusammenarbeit mit der Culinary Tourism Alliance entwickelt wurde, legt zum ersten Mal den Fokus auf kulinarische Highlights und rückt Erlebnisse wie Farm to Table-Angebote, Festivals sowie indigenen Agrartourismus in und rund um Winnipeg, Brandon, Saskatoon

Auf zwei Rädern durch Montréal

und Regina in den Fokus. Laut Destination Canada gehört das Erleben der lokalen kulinarischen Angebote zu den beliebtesten Aktivitäten bei Reisenden weltweit.

Landwirtschaft als Reiseziel

Northern Sky Corridor in Alberta und Nordwest-Territorien

Dieser Korridor verbindet Edmonton in Alberta mit den Northwest Territories, um das reichhaltige kulturelle Erbe der Region sowie die beeindruckende Natur des Nordens zu bewerben. Das Projekt soll den Norden Kanadas weiter erschließen, da die Nachfrage nach Erlebnissen das bisherige regionale Angebot übersteigt. Ziel ist es, die Angebotslücken zu schließen, Transportpartnerschaften zu fördern und die nötige Infrastruktur für neue Reiserouten zu entwickeln. Laut des Global Traveller Research Programs 2023 von Destination Canada sind knapp 70 Prozent der internationalen Reisenden besonders stark an indigenen Erlebnissen interessiert.

Juan de Fuca Corridor in British Columbia und Washington State

Der erste Korridor, der die Grenze zu den USA überschreitet, entsteht in Partnerschaft mit der Pacific Northwest Economic Region (PNWER). Er soll die wirtschaftliche Entwicklung der Region fördern und den Lebensstandard der Anwohner verbessern, während gleichzeitig die Natur geschützt wird. Der Juan de Fuca Korridor nutzt bereits abgeschlossene Entwicklungsstrategien und konzentriert sich auf Investitionen, die die Attraktivität und Widerstandsfähigkeit der Angebote sichern soll.

„Der Tourismus trägt zum Wohlstand und Wohlergehen ganz Kanadas bei, und die Gemeinschaften stehen im Mittelpunkt des Tourism Corridor Strategy Program. Gemeinsam mit unseren regionalen Partnern arbeiten wir an langfristigen Entwicklungsstrategien für Reiseziele und identifizieren Produkte, Dienstleistungen, Arbeitsplätze, Infrastruktur und die Erlebnisse, die sowohl die Besucher begeistern als auch das Leben der Einheimischen bereichern", betonte Marsha Walden, Präsidentin und CEO von Destination Canada.

Abseits der üblichen Routen: Juan de Fuca Provincial Park

Immer wieder sehenswert: funkelnde Polarlichter

Wellen, Wälder und Wein

*Postkartenidylle: das
Fischerdorf Peggy's Cove*

D er Süden von Nova Scotia besticht durch beeindruckende Landschaften, pittoreske Fischerdörfer, maritime Geschichte und kulinarische Genüsse – auch Schatzsucher kommen auf ihre Kosten.

Im Wasser ...

Die Tour beginnt ungewöhnlich: „Heute fahre ich mit euch mitten in den Ozean hinein", ruft Busfahrerin Rachel ins Mikrofon. Wir klammern uns an den Sitzen fest und schon plumpst der Harbour Hopper mit einem riesigen Spritzer von der Hafenkante in den Atlantik. Ab jetzt ist Rachel keine Busfahrerin mehr, sondern Kapitänin – und die Besucher ihre Crew.

Die spritzige Rundfahrt mit dem Harbour Hopper durch Halifax ist der perfekte Auftakt unserer Rundreise durch den Süden von Nova Scotia. Per Direktflug waren wir in der größten Stadt Atlantik-Kana-

*Ein Segelschiff im Hafen
von Halifax*

das angekommen, nun geht es mit dem amphibienähnlichen Fahrzeug ins Wasser. Irgendwie passend für den Besuch in einer Stadt, die mit dem zweitgrößten Naturhafen der Welt aufwarten kann.

„Ohne den Hafen gäbe es Halifax gar nicht", erzählt Kapitänin Rachel während sie das blau-grüne Gefährt durch das Hafenbecken steuert. Von der Natur gesegnet gründeten die Briten 1749 hier einen Marinestützpunkt, heute beheimatet Halifax den viertgrößten Containerhafen Kanadas und die Atlantikflotte der kanadischen Streitkräfte.

... und am Wasser

Aber auch sonst hat Halifax einige Superlative zu bieten: die meisten Kneipen des Landes, den ältesten Leuchtturm und Bauernmarkt, eine der längsten Hafenpromenaden sowie die Zitatelle, die meistbesuchte historische Sehenswürdigkeit Kanadas. Mittags um zwölf Uhr wird in der Festung über der Stadt eine Kanone abgefeuert, wie jeden Tag seit 1856.

Fotogener Leuchtturm

Und schon geht es anderntags an der Küste entlang in Richtung Süden. 160 Leuchttürme säumen Nova Scotia – der berühmteste liegt nur eine Stunde weiter: Der achteckige Leuchtturm von Peggy's Cove leuchtet in goldenen Farben vor der aufgehenden Sonne.

Wir erleben Peggy's Cove als pittoreskes Fischerdorf wie aus dem Bilderbuch. Unweit des Leuchtturms dümpeln Fischkutter, bunte Hummerfallen stapeln sich auf sattgrünem Gras, an vielen Holzhäus-

chen blättert die Farbe ab. An einer Leine wippen orangefarbene Bojen im Wind. Kaum ein Küstendörfchen im Osten Kanadas wird so häufig fotografiert wie Peggy's Cove.

Auf Schatzsuche

Für Gesprächsstoff sorgt auch die kleine Insel Oak Island in der Mahone Bay ein paar Kilometer weiter. „Irgendwo auf der Insel soll ein wertvoller Schatz verborgen sein", erzählt Skipper Tony, während er uns mit seinem Ausflugsboot „Seaside Bell" in die Gewässer der Bucht bringt. Laut Tony wird seit über zweihundert Jahren nach dem Schatz gesucht.

Dabei ist unklar, um was für einen Schatz sich handeln soll. Manche glauben, der schottische Freibeuter Captain Kidd habe dort Beute versteckt, bevor er gehängt wurde. Andere wiederum mutmaßen, der englische Admiral Francis Drake habe dort seinen Silberschatz vergraben, bevor er gegen die spanische Armada kämpfte. Nichts Genaues weiß man nicht – doch die Legenden leben fort. Ein gutes Geschäft bringen sie allemal. Generationen von Schatzsuchern haben sich an einer Hebung versucht, es wurden Tunnels gegraben und Bagger auf die Insel gebracht, dazu Film- und Fernsehcrews. An manchen Tagen kann sich Tony vor Buchungsanfragen kaum retten. „Für den Tourismus ist der Schatz der wahre Schatz", scherzt er auf dem Weg zurück ans Festland.

Der Leuchtturm von Peggy's Cove gehört zu den meistfotorafiertesten Attraktionen in Kanada.

Vom Atlantik ...

Ankunft in Lunenburg, der ältesten deutschen Siedlung in Kanada. Gegründet wurde das Hafenstädtchen im Jahre 1753, zu den ersten Siedlern gehörten Protestanten aus der Pfalz, Württemberg und der Schweiz. Auf dem Weg zum Hafen passieren wir Straßen, die noch deutsche Namen tragen: Kaulbach Street, Schwartz Street, Linden Avenue.

„Die ersten Siedler waren Bauern, doch schon bald sattelten die meisten auf die Fischerei um", berichtet June von Lunenburg Walking Tours während des einstündigen Spaziergangs durch die Stadt, die zum UNESCO-Welterbe gehört. Das maritime Erbe ist allgegenwärtig: Auf dem Turm der St. Andrews Kirche prangt nicht etwa ein Kreuz – sondern ein Kabeljau. Im Hafen ankert die „Bluenose II", der berühmteste Schoner Kanadas, dessen Vorgängermodell die Zehn-Cent-Münze ziert. Gewöhnlich zweimal am Tag bricht das Schiff mit seinen gefächerten weißen Segeln und glänzend poliertem Holzdeck zu Hafenrundfahrten auf. Der Blick von Bord auf die bunten Häuserfassaden, Museen, Restaurants und Kunstgalerien von Lunenburg ist phänomenal.

... in die Natur

Am nächsten Morgen verlassen wir die Küste am South Shore und biegen ins Binnenland ab. Unser Ziel ist der Kejimkujik National Park, in der Sprache der Mi'kmaw Ureinwohner bedeutet das so viel wie „kleine Elfen". Der Name passt, denn tatsächlich wirkt das Wildnisgebiet mit seinen bewaldeten Seenlandschaften, Sümpfen und verwunschenen Flüssen wie ein Märchenwald.

„Meine Vorfahren haben seit Generationen hier gelebt und vom Reichtum der Natur profitiert", erzählt Parks Canada-Guide Nick, der selbst den Mi'kmaw angehört. Nick bringt uns zu einer heiligen Stätte seines Volkes: den Petroglyphen-Feldern am Ufer des größten Sees. „Die in den Fels geritzten Bilder zeigen wichtige Ereignisse und den Alltag im Leben meiner Vorfahren."

Barfuß nähern wir uns der Felskunst, die teilweise vom Wasser überschwemmt wurde und zwischen 300 und 1000 Jahre alt ist: Boote, Kanus, Soldaten, eine Schlacht. Rund 500 Ritzbilder wie diese gibt es im Park, und wir müssen aufpassen, nicht auf sie zu treten.

Die Hafenstadt Lunenburg hat deutsche Wurzeln und gehört zum Weltkulturerbe.

Nick von den Mi'kmaw verwaltet im Auftrag von Parks Canada das Erbe der Ureinwohner im Kejimkujik National Park.

**Jörg
Michel**

Jörg Michel lebt in Calgary in Kanada und schreibt für Medien wie Geo, Welt am Sonntag oder die Frankfurter Allgemeinen Sonntagszeitung. Er ist Autor der Reiseführer „British Columbia und Alberta - 50 Highlights abseits der ausgetretenen Pfade", die bei 360° medien erschienen sind. Online findet man ihn auf Facebook unter „Jörg Michel – Stories and Discoveries in Canada" oder auf *joergmichel.ca*

Lokale Spezialität

Die kulinarischen Köstlichkeiten von Nova Scotia erleben wir zwei Autostunden weiter im Annapolis Valley an der Bay of Fundy. Die Bucht zwischen Nova Scotia und New Brunswick hat die höchsten Gezeiten der Welt, die bis zu 15 Meter hoch werden können, dazu gibt's einige der dicksten Hummer des Landes. So auch in Halls Harbour, einem Fischerdorf mit kleinem Hafen und weißen Holzhäuschen auf Stelzen.

Direkt am Wasser finden wir eine Hummerhütte – in der die frisch gefangenen

Hummer-Experte Alain mit einem besonders prächtigen Exemplar

Tiere lebend gehalten und später in Kübeln auf dem offenen Feuer oder auf Propangasgrills zubereitet werden. „In Nova Scotia gibt es hunderte solcher Lobster Pounds", berichtet der Hummer-Koch Alain. Zehn bis zwölf Minuten braucht das Krustentier im sprudelnd kochenden Salzwasser, dann ist es gar zum Verzehr.

---

novascotia.com/de

ANREISE
Condor und Discover Airlines fliegen in den Sommermonaten von Frankfurt/Main nonstop nach Halifax. Von Bar Harbour in Maine/USA verkehrt im Sommer täglich eine Autofähre nach Yarmouth in Nova Scotia. Danach am besten weiter mit dem Mietwagen oder Wohnmobil.

AKTIVITÄTEN
Harbour Hopper Touren in Halifax: 55 Minuten Dauer, je nach Saison zwischen 48 und 63 CAD; *harbourhopper.com*
Salty Dog Boat Tours nach Oak Island: je nach Saison zwischen 45 und 86 CAD; *saltydogtours.com*
Lunenburg Walking Tours:
60 Minuten Dauer, zwischen Mai und Oktober, 20 CAD; *lunenburgwalkingtours.com*
Kejimkujik National Park:
Tagesticket 6,50 Dollar: *parks.canada.ca/pn-np/ns/kejimkujik*

ESSEN & TRINKEN
Halls Harbour Lobster Pound: täglich ab 11.30 Uhr geöffnet; 1157 W Halls Harbour Rd, Halls Harbour, NS B0P 1J0, *hallsharbourlobster.com*
Domaine Grand Pré Kellerei: Verkostungen täglich ab 11 Uhr; 11611 Evangeline Trail, Grand Pré, NS B0P 1M0, *grandprewines.com*

UNTERKUNFT
Hillsdale House Inn: historisches Herrenhaus aus dem Jahre 1859, 13 Gästezimmer mit viktorianischem Charme, ab 132 CAD; 519 St George St, Annapolis Royal, NS B0S 1A0, *hillsdalehouseinn.ca*

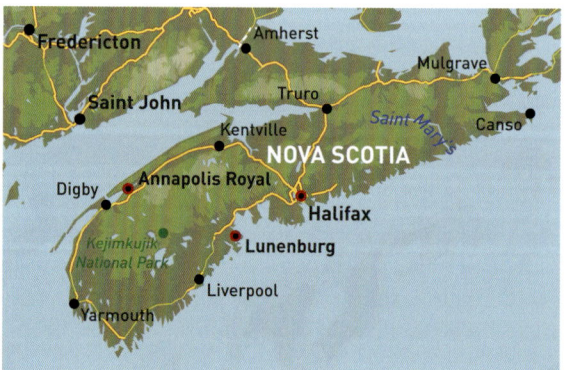

Ein Hummer-Essen gehört zu jedem Nova-Scotia-Urlaub dazu: In Halls Harbour sind die Schalen bereits geknackt. Wer will, kann sich den Hummer auch selbst zerlegen. Die Einheimischen benutzen dafür nicht etwa umständliche Instrumente – sondern die Hand. „Besonders köstlich ist das Fleisch in den Zangen", erklärt Alain und bricht diese vom Rumpf des Tieres ab. Dann haut mit der Faust auf die Klauen. Die Kruste bricht auf, das gekochte Fleisch quillt hervor. Mit einem Zahnstocher kratzt er das Fleisch aus der

Bei Ebbe sitzen die Fischerboote in Halls Harbour auf dem Trockenen.

Schale und verspeist es kurzerhand mit den Fingern. Dazu gibt's Fritten und Butterbrot. Besteck? Das ist in Nova Scotia nicht üblich. Also greifen auch wir mit den Händen zu – das helle, feste Fleisch schmeckt köstlich.

Köstlich sind auch die Weine, die wir am letzten Tag probieren. „Wein? Hier in Nova Scotia?" Diese Frage bekommen die Macher der Grand Pré Kellerei im Annapolis Valley häufig zu hören. Dabei gibt es in Nova Scotia mittlerweile 20 Kellereien – Grand Pré ist die älteste. Besonders die weißen Trauben gedeihen gut im kühlen Klima Kanadas. Der Chardonnay-Sekt jedenfalls schmeckt prima. Ein Hoch auf Nova Scotia!

Weinreben auf dem Gelände der Grand Pré Kellerei

Mit dem Wohnmobil durch Ontario und Québec

*Parc national de la
Pointe-Taillon*

Mächtige Niagara Falls – sehenswerter von der kanadischen Seite

Das östliche Kanada ist eine Region der Gegensätze. Metropolen wie Toronto und Montréal treffen auf weitgehend noch unberührte Natur, beispielsweise im Algonquin Provincial Park und am Sankt-Lorenz-Strom. Und die liebliche Ferienregion Thousand Islands mit einer weltweit einzigartigen Insellandschaft steht im schroffen Kontrast zu den Touristenströmen an den Niagara Falls. Dazwischen finden sich französischer Charme und malerische Kleinstädte. Perfekt für eine Tour mit dem Wohnmobil zu Wasserfällen, Walen, Wein und wilden Landschaften – eine von zehn Routenempfehlungen aus dem Buch „Kanada im Wohnmobil".

Tage 1 und 2: Beeindruckende Wasserfälle
Toronto als größte Stadt des Landes allein ist schon eine Reise wert. Der 553 Meter hohe CN Tower, die Toronto Islands und der Distillery District sind nur einige

von vielen Attraktionen. Zugleich ist die Millionenmetropole der ideale Ausgangspunkt für einen Roadtrip mit dem Wohnmobil durch Ontario und Québec.

Erstes Ziel nach der Übernahme der rollenden Ferienwohnung: die viel fotografierten Niagara Falls, nur etwa 100 Kilometer entfernt. Gut 50 Meter tief fällt das Wasser in den rund 670 Meter breiten Horseshoe Falls auf der kanadischen Seite. Weit weniger mächtig sind die American Falls und die Bridal Vail Falls. Rund um die Wasserfälle mit vielen Aussichtspunkten lässt sich viel erleben: Bootsfahrten bis nah an die Gischt, die Seilbahn Whirlpool Aero Car über einen Seitenarm des Niagara River, Ziplining, Jet Boats, Panoramarestaurants sowie Casinos und abendliche Feuerwerke an manchen Abenden. Besonders spektakulär: ein Rundflug mit dem Helikopter.

Wer eine ruhige Oase sucht, macht einen Ausflug ins nahe Niagara-on-the-Lake. Mit seinen herrschaftlichen Villen und dem historischen Stadtkern ist die einstige Hauptstadt der britischen Kolonie in Kanada bis heute eine charmante Kleinstadt. Zudem ist die Region bekannt für ihre guten Weine.

Mit dem Boot kommen Reisende den rauschenden Fällen ganz nahe.

Pittoresk: Niagara-on-the-Lake

Am Lake Huron

Oase der Ruhe im Algonquin Provincial Park

Tage 3 und 4: Ab in die Natur

So imposant die Niagara Falls auch sind: Jetzt locken Wildlife-Momente. Der Bruce Peninsula National Park – zwischen Georgian Bay und Lake Huron – ist für eigenartige Kalksteinformationen sowie zahlreiche Orchideen-Arten bekannt. Gerade im Frühjahr erblühen die Wildblumen. Zu den beliebtesten Wanderwegen zählt die Tour zur Felshöhle Grotto am Seeufer. Als Dark Sky Reserve bietet der Nationalpark das ideale Umfeld zum Sterne-Beobachten. Weiter geht es dann ab Tobermory für zwei Stunden mit der Fähre über den Lake Huron.

Tag 5: Manitoulin Island

An der Einfahrt in die Georgian Bay liegt mit Manitoulin Island eine echte Urlaubsidylle. Die weltweit größte Süßwasserinsel punktet mit Stränden, Seen und Wäldern. Der Cup and Saucer Trail führt zu einem Aussichtspunkt. Ebenfalls nicht verpassen: die Wanderung zu den Bridal Veil Falls. Kulturell bedeutend ist das alljährliche große Pow Wow, eines der größten in ganz Nordamerika, zu dem zahlreiche indigene Gruppen anreisen.

Tag 6: Übernachten am See

Mit Stellplätzen direkt am See punktet der Grundy Lake Provincial Park, nur unweit der Georgian Bay. Wanderwege, Wassersport und schöne Strände finden sich ebenfalls im Schutzgebiet.

Tage 7 und 8: Kanada in Reinkultur

Der Algonquin Provincial Park gilt als echtes Sehnsuchtsziel. Mit viel Glück lassen sich Elche, Biber und Schwarzbären sogar schon von der Durchgangsstraße erspähen. Noch mehr Chancen auf unvergessliche Wildlife-Momente ergeben sich bei Wanderungen oder Kanutouren, ob geführt oder individuell. Vor allem Mai und Juni werden für Tierbeobachtungen empfohlen, trotz der „Hochsaison" der Moskitos. Ende September und Anfang Oktober präsentiert sich der älteste Park Ontarios farbenfroh im sogenannten Indian Summer.

Tag 9: Ruhige Oase

Fast noch ein Geheimtipp: der Silent Lake Provincial Park, 90 Fahrminuten südöstlich. Der Park beeindruckt nicht nur mit Wanderwegen, schönen Stellplätzen und Mountainbike-Trails, sondern auch mit seiner Ruhe.

Tage 10 und 11: Perfekt im „Indian Summer"

Der 960 Meter hohe Mont Tremblant im gleichnamigen Schutzgebiet ist mehr als nur das Zentrum des beliebtesten Skigebiets Ostkanadas. Die Region rund um den höchsten Berg der Laurentides, die mittelgebirgsähnliche Landschaft drei Stunden nördlich von Montréal, bietet ganzjährig viel Natur. Die umliegenden Seen zählen zu den schönsten Wassersportrevieren im östlichen Kanada. Bären und Elche kom-

Silent Lake Provincial Park

Roadtrip mit dem RV zum Mont Tremblant zu den leuchtenden Herbstfarben

Tag 14: Pointe-Taillon National Park

Das abgelegene Schutzgebiet wird vom Lac Saint-Jean und Péribonka River dominiert, ebenso von Moorlandschaften. Neben zahlreichen Vogelarten und Elchen sind auch Biber hier heimisch. Wander- und Radwege erschließen den Provinzpark.

Tage 15 und 16: Wale beobachten

Beluga-Wale und Blauwale sind die Superstars, Mink- und Finnwale die weiteren Hauptdarsteller, Robben und Seehunde dienen als Statisten: Besucher im Parc marin du Saguenay–Saint-Laurent erleben Wildlife vom Feinsten! Wale finden an der Mündung des Fjord du Saguenay in den Sankt-Lorenz-Strom ideale Lebensbedingungen. Das maritime Schutzgebiet gilt als einer der weltweit besten Orte, um Wale zu beobachten. Der Fjord du Saguenay gilt als südlichster Fjord der nördlichen Hemisphäre und zählt mit einer Länge von mehr als 100 Kilometern zu den längsten Fjorden überhaupt.

plettieren das Outdoor-Erlebnis. Vor allem im Herbst lohnt ein Besuch, wenn sich im „Indian Summer" die Blätter in den Wäldern des Parc national du Mont-Tremblant verfärben.

Tage 12 und 13: Wildlife und Altstadt

Auf der Weiterreise gen Norden passieren Reisende den gut zugänglichen Parc national de la Mauricie, ziemlich genau in der Mitte der Metropolen Montréal und Québec City. Das vielfältige Angebot umfasst gemütliche Strandaufenthalte, Kanutouren, Wasserfälle und Tierbeobachtungen (inklusive Elche und Schwarzbären).

80 *Trois-Rivières*

Für eine Sightseeingtour unbedingt das angrenzende Trois-Riviéres besuchen. Die zweitälteste Stadt der Provinz punktet mit einer einladenden Altstadt. Hauptattraktionen sind die neugotische Cathédrale de l'Assomption, angeblich nach Vorbild von Westminster Abbey in London entstanden, sowie das ehemalige Kloster Monastère des Ursulines.

GESAMTLÄNGE
3500 Kilometer (21 Tage, 40 Stunden reine Fahrzeit)

BESTE JAHRESZEIT
Mai bis Oktober

AN-/ABREISE:
Nonstopflüge von Frankfurt/ Main und München nach Toronto bieten Condor, Lufthansa und Air Canada.

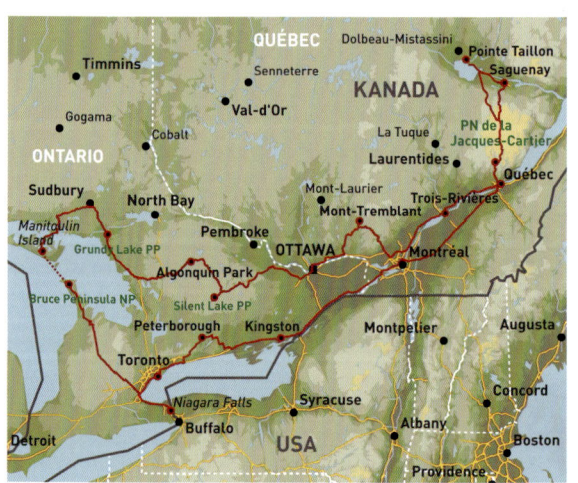

Nächtliche Skyline von Toronto

Tage 17: Parc national de la Jacques-Cartier

Nur 45 Minuten von der Altstadt von Québec City entfernt, schützt der Park, der als Natural Historical Monument gilt, eines der schönsten Gletschertäler von Québec. Bei Wanderungen und Kanutouren entdecken Reisende den Provinzpark, eine der Hauptattraktionen der Region.

Parc national de la Jacques-Cartier: Naturparadies vor den Toren von Québec (City)

Tag 18 und 19: Welches ist die schönste Insel?

Die lange Fahrt wird am nächsten Morgen mit einer Boots- oder Kajaktour der Extraklasse in einer einzigartigen Wasserlandschaft belohnt. Mehr als 1700 Inseln umfasst die Region der sogenannten Thousand Islands, geformt in der letzten Eiszeit, inmitten des mächtigen St. Lorenz Stroms, der hier die Grenze zwischen den USA und Kanada bildet. Schiffsausflüge und geführte Kanutouren starten in Gananoque, Kingston sowie Rockford. Die Inseln sind fast ausnahmslos im Privatbesitz.

Tag 20: Ferienidylle

Als letzter Stopp vor der Rückgabe bietet sich das schmucke Peterborough an, 90 Minuten von Toronto entfernt.

Tag 21: Rückgabe

Nach der Abgabe des Wohnmobils ist Toronto selbst das Ziel – oder Gateway für weitere Touren oder die Heimreise.

Fünf besondere Touren in Alberta

Der erste Schnee glitzert auf den Bergen in der Sonne.

Bei Alberta denken Reisende schnell an Lake Louise, Icefields Parkway und Banff. Keine Frage, deren Schönheit begeistert. Doch es gibt weit mehr zu entdecken: Isa Hoffinger stellt fünf unvergessliche Erlebnisse vor.

Über Geröll geht es durch den Grotto Canyon zu einem Wasserfall.

1. Unterwegs mit den First Nations

Über einen von kniehohen Sträuchern gesäumten Pfad, der zum Grotto Canyon führt, spannt sich ein breiter Regenbogen. Vor der Schlucht liegt Geröll. Heather Black setzt sich auf ein Blockfeld, als die ersten Tropfen aus einer grauen Wolke am Himmel über Canmore fallen. Die 50-jährige Heather muss mehrfach die getrockneten Kräuter anzünden, die in einem gusseisernen Pfännchen vor ihr liegen. Mit Salbei, Süßgras, Wacholder und Zedernholz begehen die Blackfoot seit Jahrhunderten ihre Räucherzeremonien. „Der Rauch reinigt uns", sagt Heather. Dann wedelt sie den Qualm mit beiden Handinnenflächen über ihren Kopf, ihre Ohren und Augen; zum Schluss taucht sie zwei Finger in die Schwaden und presst sie auf den Mund – diese Smudge-Prozedur sieht so aus, als wasche sie sich ihr Gesicht.

„Sexuelle Gewalt war früher alltäglich", erzählt Heather, die sich Buffalo Stone Woman nennt. „Wir glauben, dass uns die Steine, die aussehen wie Büffel, Glück bringen. Genau wie diese Steine möchte ich den Menschen Gutes mitgeben", sagt Heather. Eine Wanderung mit ihr ist eine Möglichkeit, inne zu halten. Heathers persönliche Geschichte erfahren nur Neugierige.

Als Heather jung war, sollten Mädchen der Cree, der Blackfoot oder der Stoney Nakoda vor allem gehorchen. Um sich wehren zu können, begann Heather mit dem Boxen. „Ich wollte an meine Grenzen gehen", sagt sie und ihre sanfte, leicht brüchige Stimme verrät, dass es nicht ihrem Wesen entsprach, Wildfremden ihre Faust in die Rippen zu stoßen. Auf die Idee, Wanderführerin zu werden, kam Heather in der Lebensmitte. Ihren Job in der Finanzbranche gab sie auf, um stärker im Einklang mit der Natur zu leben.

Kletteranfänger können im Grotto Canyon mit Seilen üben. Die etwa sieben Kilometer des Trails laufen selbst Erfahrene selten in weniger als zweieinhalb Stunden. Belohnt wird man am Ende mit dem guten Gefühl, den indigenen Tourismus unterstützt zu haben, der sich in Alberta gerade erst entwickelt.

Wer mit Heather Black wandert, nimmt nicht nur an solchen Zeremonien teil. Er erfährt auch einiges über indigene Frauen.

Heather Black bringt Besuchern ihre indigene Kultur näher.

Isa Hoffinger

Isa Hoffinger reist regelmäßig für die ARD und für überregionale Zeitungen in verschiedene Länder. Sie hat in Argentinien gelebt, spricht vier Sprachen und liebt Glamping.

Sitzend können Gäste Wölfe streicheln.

2. Die mit den Wölfen kuscheln

In einem weitläufigen Gehege stehen Plastikstühle in einer Reihe nebeneinander. Wer Wolfshunde streicheln will, muss sich setzen und warten, bis sie freiwillig kommen. Zwei flauschige Jungtiere, Sage und Juniper, holen sich Leckerbissen ab und lassen sich dabei genüsslich am Bauch kraulen. Der schwarzgraue Ash döst gelangweilt in der Sonne. Nova, eine Kreuzung aus einem Polarwolf und einem Hund, bleibt drei Meter von den Stühlen entfernt stehen und lässt sich das Futter lieber zuwerfen. Die Yamnuska Wolfdog Sanctuary in Cochrane ist kein Tierheim. Einen Wolfshund zu adoptieren, ist unmöglich. Es geht darum, diesen Tieren, die nie hundertprozentig gezähmt oder dressiert werden können, ein gutes Leben zu ermöglichen.

In Kanada gibt es wenige Straßenhunde. Dennoch kommt es vor, dass sich frei laufende Hunde mit Wölfen paaren. Die Einrichtung ist die einzige Schutzstation für deren Nachwuchs. Wölfe zu sehen, ist selten. Darum sind Kuschelstunden mit Wolfshunden einmalig.

3. Wach werden beim Waldbaden

Die Baumkronen bilden einen dunkelgrünen Baldachin. Ein Fluss plätschert durch den Nadelwald in der Nähe von Banff. Ronna Schneberger lehnt an einem dicken Baumstamm und gibt Impulse. „Atmet tief durch die Nase ein und durch den Mund aus", sagt sie leise. Alle Teilnehmer liegen auf dem Rücken auf Matten und ihren Jacken. Das Moos unter ihnen ist trocken und weich. Nach zwanzig Minuten stehen die Meditierenden auf und gehen langsam spazieren. Jeder sucht sich einen Punkt, auf den er sich konzentrieren möchte. Einen Ast, einen Farn, einen Kieselstein im Flussbett. Shinrin Yoku, so heißt Waldbaden in Japan, wo

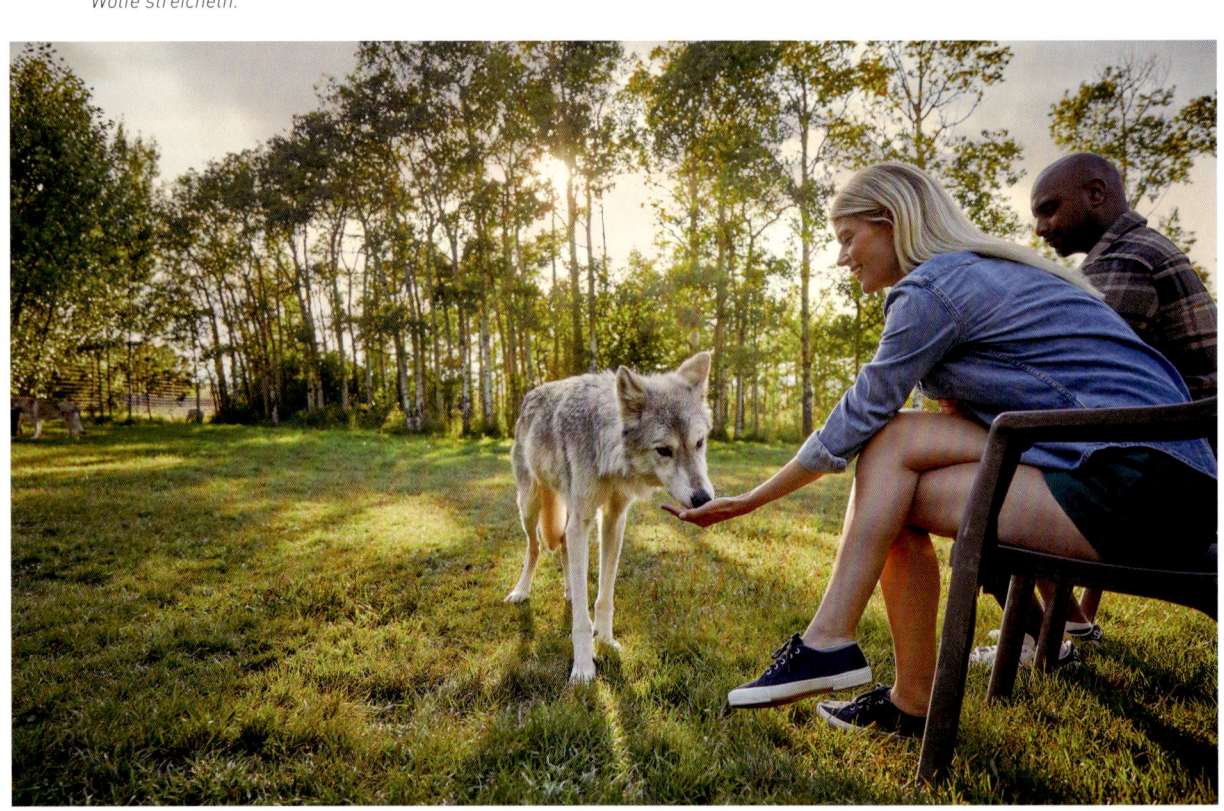

*Ronna Schneberger gibt
Impulse zum Entspannen.*

es zuerst praktiziert wurde, ist gesund. Es stärkt das Immunsystem, kräftigt Herz und Lunge. Die Wälder Kanadas sind ideal für dieses Achtsamkeitstraining. Ronna Schneberger coacht Privatleute und Führungskräfte. Sie praktiziert Yoga, ist spirituell interessiert und liebt Poesie. Wer Literatur mag, bekommt am Ende ein Gedicht vorgelesen.

4. Bergsteigen de luxe

„Setz dich doch", sagt Laura Dowling und zieht ein Sitzkissen aus ihrem Rucksack. Die meisten Felsen sind auch bei Sonnenschein kühl. Lauras Isomatte macht eine Rast bequemer. Die gebürtige Irin und ihr Team haben sich auf exklusive Bergtouren spezialisiert – wobei der Luxus nicht nur darin besteht, dass die Guides von Canadian Rockies Experience Klappstühle und Tische herbeizaubern, damit Wanderer am Gletschersee, auf über 2000 Höhenmetern, picknicken können. Zum besonderen Erlebnis gehört auch, dass die Guides abseitige Trails und die besten Aussichtspunkte kennen. Bei längeren Wanderungen verteidigen sie ihr Team notfalls gegen Bären und kümmern

sich um die Verpflegung. Zum Essen in den Pausen gibt es weiße Stoffservietten, ein Glas guten Wein oder einen Becher erlesenen Tee.

*Laura Dowling bringt
Verpflegung mit und
achtet auf Details.*

Frei wie ein Vogel fühlt man sich in der Luft.

5. Fliegende Gipfelstürmer

Die spektakulärste Art, die Rocky Mountains zu entdecken, bietet ein Flug. Das Gipfelmeer aus der Luft zu beobachten, ist sensationell. Jede Spalte, sämtliche Gesteinsschichten und Furchen, alle Lichtungen und sogar Wildtiere sind aus der Vogelperspektive klar zu erkennen. Heli-Wanderungen finden das ganze Jahr über statt: im Sommer mit Berg- und im Winter mit Schneeschuhen. Helikopter bringen Wanderer zu einsamen Gipfeln. Zertifizierte Bergführer begleiten die Gäste, die schon etwas routinierter und trittsicher sein sollten. Im Winter gehören zu Skitouren im Pulverschnee dann Übernachtungen in Lodges. Abends kann man vor dem Kamin entspannen. Wer tagsüber abseits der Pisten Snowboarden oder Skifahren möchte, bekommt Sicherheitstrainings. Doch auch ohne Wanderungen oder Abfahrten können Naturliebhaber solche Trips buchen. Rundflüge lohnen sich schon ab 20 Minuten.

travelalberta.com

ANREISE
Discover Airlines fliegt Calgary täglich nonstop ab Frankfurt/Main an, Edmonton wird saisonal von Condor nonstop angesteuert. Dann weiter mit Mietwagen oder Wohnmobil.

AKTIVITÄTEN
Buffalo Stone Woman: ab 90 CAD pro Person in Gruppen bis vier Personen, ab Canmore; *buffulostonewoman.ca*
Yamnuska Wolfdog Sanctuary: 89 CAD pro Person für eine interaktive Tour, Mindestalter 15 Jahre; Rundgang ab 33 CAD, auch für jüngere Kinder ab sechs Jahren möglich, Tickets am besten zwei Wochen vorher besorgen; 263156 Range Rd 53, Cochrane, AB T0M 2E0, *yamnuskawolfdogsanctuary.com*
Waldbaden: 65 CAD für einen halben Tag pro Teilnehmer; *walkwithronna.com*
Bergtouren: in Kananaskis, Banff und Lake Louise, ab 150 CAD pro Person in Gruppen mit fünf Personen; *canadianrockiesexperience.com*
Helikopterflüge: Canadian Mountain Holidays bietet Charterflüge zu einsamen Gipfeln, inkl. Touren mit Bergführern und Übernachtungen (Preise auf Anfrage, *cmhheli.com*). Rundflüge ab 20 Minuten beispielsweise mit Rockies Heli Canada (ab 150 CAD, am David Thompson Hwy, *rockiesheli.com*) oder Alpine Helicopter (ab 210 CAD, beispielsweise in Canmore, *alpinehelicopter.com*)

ESSEN UND TRINKEN
Bluebird: Brunch oder Dinner vor offenem Kamin; 214 Lynx St, Banff, AB T1L, *bluebirdbanff.com*

UNTERKÜNFTE
The Malcolm Hotel: Zimmer und Pools mit Blick auf die Berge, ab 247 CAD pro Nacht; 321 Spring Creek Dr, Canmore, AB T1W 2G2, *malcolmhotel.ca*

Métis Crossing: Sky Domes haben einen freien Blick auf den Himmel, sind aber Monate im Voraus ausgebucht, ab 270 CAD; 17339 Victoria Trail, Smoky Lake, AB T0A 3C0, *metiscrossing.com*

Pine Creek Retreat Center: Häuser im Wald, nur von 15. Mai bis 31. Oktober geöffnet, ab 250 CAD; 17339 Victoria Trail, Smoky Lake, AB T0A 3C0, *pinecreekretreat.ca*

Vancouver Island

Immer den Wolfsspuren nach – unterwegs auf
dem North Coast Trail

*Der North Coast Trail führt
– nomen est omen – über
weite Strecken an der
Küste Vancouver Islands
entlang. Marschiert wird
dicht am Wasser, sofern es
die Gezeiten erlauben.*

Wer Glück hat, sieht Orcas, die auf ihren Beutezügen nahe der Strände auftauchen.

Der North Coast Trail auf Vancouver Island ist das Ziel all' jener Wanderer, die den berühmten Trek im Westen der Insel schon kennen oder für zu einfach befunden haben: Als Lohn der Mühen winken Begegnungen mit wilden Tieren und vielleicht auch mit sich selbst.

Tag 0: Vorfreude

Willkommen in Port Hardy, dem Fischer- und Holzfäller-Nest am Nordende von Vancouver Island. Wer hier hoch kommt,

muss einen guten Grund haben. In diesem Fall: auf dem North Coast Trail wandern. Sechs Tage lang, mehr als 70 Kilometer, vergleichbar mit dem viel berühmteren West Coast Trail. „Nur weniger überlaufen und mit Schlammlöchern groß wie Badewannen", grinst Guide Danny. Seine Gäste zeigen stolz die Bärenglocken, die an ihren Rucksäcken baumeln und ein zartes Klingeling ertönen lassen. „Bären fressen Beeren, nicht Menschen", kommentiert Danny den Weihnachtsbaum-Schmuck. Aber der Ordnung halber erklärt er trotzdem, was bei einem Rendezvous mit der Groß-Fauna zu tun sei: „Bei Begegnung mit Puma oder Wolf: in die Augen blicken, Wanderstock schwingen und sich groß machen. Bei Tête-à-Tête mit Schwarzbär: all das auf keinen Fall tun, sondern Ruhe bewahren und sich langsam davonschleichen. Bei Bedarf: kämpfen!"

Tag 1: Freiheit

Mit dem Wassertaxi geht's zum Trail Head in der Shusartie Bay. Ab sofort steht WWW nicht mehr für World Wide Web, sondern für Wellen, Wälder und Wale. Skipper George erzählt, dass sich hier oben früher ein Handelsposten der Hudson Bay Company befand. Weil die First Nations beim Fellhandel lästige Konkurrenten waren, wurden sie von den Briten niedergemetzelt. Dann konzentriert sich George wieder auf das Navigieren, denn

Angeschwemmte Bojen sind die natürlichen Wegweiser auf dem Trail.

dichter Nebel wabert über dem Wasser. Sirenen warnen vor Untiefen. Sie klingen wie Seeungeheuer. Wie Wesen aus Frank Schätzings Welterfolg „Der Schwarm", der teilweise auf Vancouver Island spielt. Wer hier oben unterwegs ist, glaubt gern, dass der Ozean und seine Bewohner – des Plastikmülls und der Ausbeutung überdrüssig – irgendwann zurückschlagen werden.

Mit an Bord sind fünf für diese Tageszeit schrecklich gut gelaunte ältere Damen. Ein Tagesausflug? Nein, sie wollen auch den NCT „machen". Wie jetzt? Es hieß doch, der Trail sei ein Killer, ein Jakobsweg ausschließlich für echte Männer. Danny erzählt, dass bei seinen Gruppentouren der Frauenanteil sogar überwiege. Viele hätten den Film „Wild" gesehen, in dem Reese Witherspoon als blutige Trekking-Anfängerin 1600 Kilometer auf dem Pacific Crest Trail wandert.

Fertig machen zum Anlanden! Es gibt keinen Steg, man muss von der Nase des in der Dünung schaukelnden Bootes einen beherzten Schritt ans Steilufer machen. Als George wieder ablegt, liegen 75 Kilometer zwischen den Damen und der nächsten Siedlung. Ein Gefühl von Freiheit strömt in Kopf und Lungen.

Tag 2: Heftiger Auftakt

Zum Glück hatte Danny nicht verraten, dass der erste Tag gleich der härteste sein würde. Es sind monströse Baumstämme

An einigen Stellen helfen Fixseile über knifflige Passagen hinweg. Richtig exponiert ist der Trail jedoch nie.

zu überklettern. An Hanfseilen zieht sich die kleine Gruppe mühsam senkrechte Böschungen hinauf. Doch meistens genießt sie den Matsch-Marsch durch den Zauberwald, bewundert die 50 Shades of Green, die in Hülle und Fülle wuchern. Staunt über Riesenfarne und Büsche.

Kein Regen, auch am zweiten Tag. Was für ein Glück! Der Trail führt jetzt am Strand entlang, die Wanderer machen zügig Strecke. Auch die Zeit sitzt nicht im Nacken, denn es ist Niedrigwasser. Danny muss nicht auf Engpässe achten, die sich nur bei gewissen Tidenständen passieren lassen. Am Nachmittag kämpft sich sogar die Sonne durch die Nebelbänke. Im Camp angekommen, tauschen alle Trekking-

Umgestürzte Baumriesen werden überklettert. Pro Tag kommen mehrere Dutzend zusammen.

Günter Kast

Günter Kast

Günter Kast kann über- volle Treks und Gerangel um Zeltplätze nicht leiden. Deshalb spitzte er nicht nur die Ohren, als er erstmals vom North Coast Trail hörte, sondern machte sich auch gleich auf den Weg nach Vancouver Island.

Der Mensch braucht Wetterglück – vor allem auf dem North Coast Trail.

Schuhe gegen Flip-Flops, gehen sogar schwimmen. Kanada fühlt sich plötzlich wie Italien an. Passend zu Bella Italia serviert Danny Penne mit getrockneten Tomaten und Parmesan. Den Rotwein denkt man sich dazu.

Tag 3: Natur pur

Die Anspannung der ersten Tage weicht einer wohltuenden Routine und Ruhe. Die Orientierung ist einfach: Angeschwemm- te Bojen, aufgeknüpft an Ästen, weisen den Weg. Das Meer ist Dusche und Badezimmer. Jeder weiß, was zu tun ist: Essen aus dem „Food Cache" holen, einer bärensicheren Metallbox, die es in jedem Camp gibt. Wasser zum Kochen bringen. Abwasch in der Brandung. Abends Treib- holz fürs Lagerfeuer sammeln. Das Leben in der Wildnis, ganz ohne Smartphone

und andere Ablenkungen, es ist so herr- lich einfach. Tief tauchen alle ein in den Kosmos der Wale, Lachse, Adler, Möwen, Wölfe und Bären.

Abwechslung bietet heute ein Cable Car, eine Art Gondel, in der sich Wanderer an einem Drahtseil auf die andere Seite des Flusses ziehen, ganz ohne nasse Füße zu bekommen. Dann spuckt der Wald die Trekker wieder in einer Bucht aus, bewacht von einem Felsen, auf dem nichts wächst außer einer einzigen Sitka-Fichte, die sich an allem festkrallt, dessen ihre Wurzeln habhaft werden können. Wie eine futuristische Skulptur ragt sie in den bleichen Himmel.

Dann wird es anstrengend. Der Sand bodenlos, die kindskopfgroßen Steine rut- schig und wackelig. Jeder Schritt lässt die Backpacker einsinken. Es fühlt sich an, als

Per „Fähre" wird dieser Fluss trockenen Fußes überquert.

Buckelwale beim sogenannten „Bubble Net Feeding" – besser geht es nicht!

ginge man im Tiefschnee. Dazu hängt der Nebel wie ein schweres, nasses Tuch über der Küste. Draußen branden die Wellen ungestört gegen die vorgelagerten Inselchen und lecken hungrig über den Saum des Strandes.

Diese Schwarzbärin war etwas nervös. Vermutlich hatte sie gerade Nachwuchs.

Tag 4: Leben am Limit

Etwas nachdenklich stapfen die Trekker heute durch den Nebelwald. Guide Danny hat ihnen erzählt, wie entbehrungsreich das Leben der frühen Siedler war: Moskitos und Krankheiten, Schlamm und Kälte, wilde Tiere. Sie mussten nicht nur einen Sechs-Tage-Trek überstehen, sondern sommers wie winters hier überleben. Garantiert ohne Hightech-Wanderstiefel und Funktionsjacken.

Nur die grandiosen Darbietungen der Natur dürften sich über all' die Jahre hinweg wenig verändert haben. Ein Weißkopfseeadler sitzt auf dem Wipfel einer Tanne und blickt grimmig auf den Pazifik. Ab und an neigt er den Kopf und ordnet mit seinem gewaltigen gelben Schnabel die Brustfedern. Er sieht etwas derangiert aus, das Federkleid schlecht gebürstet, gerade so, als hätte er eine durchzechte Nacht hinter sich. Jetzt öffnet er die Schwingen, lässt sich vom Aufwind in die Höhe tragen, vergewissert sich seiner Lufthoheit – und schießt dann wie ein Pfeil ins Meer hinab. Als er wieder aufsteigt, zappelt in seinen Klauen ein Fisch.

Tag 5: Bär in Sicht

Das Bärenkonto zeigt noch immer die Zahl Null an. Langsam wird es mal Zeit, finden die Wanderer. Danny findet das nicht. Er kann Bären, die zuhause seine Mülltonnen plündern, nicht leiden. Aber er weiß, dass es für europäische Trekker ein ganz großes Ding ist, Petze vor die Linse zu bekommen. Immerhin liegen auf dem Trail frische Bären-Fladen. „Der steht auf Blaubeeren", schlaumeiert Danny. Er ist jetzt hellwach, gibt hin und wieder Laut, um den vermuteten Bär nicht zu überraschen. Und dann schlägt das Herz

eben doch schneller, als er keine 15 Meter vor Danny wie aus dem Nichts auftaucht und sich auf die Hinterbeine stellt. „Die ist nervös, hat wahrscheinlich Junge", flüstert Danny und zieht sein Pfefferspray aus der Halterung. „Eigentlich müsste sie sich jetzt aus dem Staub machen". Mit schnellen Bewegungen klettert die Bären-Mama auf eine große Zeder. Noch ein letztes Foto, dann ordnet Danny den Rückzug an. Mit nervösen Bären ist nicht zu spaßen.

Der letzte Abend am Strand, das letzte Lagerfeuer. Der Mühen Lohn wird immer abends ausbezahlt. Zartes Licht wie in einem Rosamunde-Pilcher-Film. Es wirkt wie eine Testosteronspritze und lässt den Muskelkater vergessen. Die untergehende Sonne macht den Strand und seine Bewohner auf Zeit zu Protagonisten in einem balinesischen Schattenspiel. Magisch! Frische Spuren im Sand. Wolfstatzen. Es riecht förmlich nach Wolf. Dann kommt wieder der Nebel und fingert wie mit Geisterhänden in den Wald hinein, der sich dunkel hinter dem Strand erhebt.

Was gibt es Schöneres, als nach einem langen Wandertag am Lagerfeuer zu sitzen?

Der gemäßigte Regenwald British Columbias erzeugt mystische Stimmungen, die Outdoor-Freunde in ihren Bann ziehen.

Tag 6: Finale

Ganz früh am Morgen zieht Danny los, will die Wölfe finden. Doch die haben ihn ausgetrickst. Alles, was er entdeckt, sind die Federn einer Möwe, die sie erbeutet haben.

Die letzten 17 Kilometer. Noch einmal verschlägt einem die schiere Wucht dieses feuchten Urwalds die Sprache. Noch einmal stolpern die Trekker durch dieses Vegetationswunder, vorbei an grotesk verdrehten Stämmen riesiger Hemlocktannen. Ganz feierlich wird ihnen zumute, gerade so, als stünden sie ergriffen im himmelhohen Kirchenschiff einer gotischen Kathedrale. An den Schlamm zwischen den Baumriesen haben sie sich längst gewöhnt. Es kommt nur darauf an, wie man ihn wahrnimmt: „Dreierlei vom Matsch", angerichtet wie das Pre-Dessert eines Sternekochs.

hellobc.de

NORTH COAST TRAIL

Der erst 2008 eröffnete NCT ist (noch) ein Geheimtipp. Bis dato haben ihn gut 6000 Menschen begangen – so viele sind auf dem berühmten West Coast Trail in einer einzigen Saison unterwegs. Wilde Tiere sind übrigens nicht wirklich ein Problem für NCT-Trekker, 265 Zentimeter Regen pro Jahr dagegen schon eher. Das ist das Dreifache, das Deutschland abbekommt. Der Dschungel, der die Nordküste von Vancouver Island säumt, ist eben ein gemäßigter Regenwald.

ANREISE

Mit Air Canada oder Lufthansa nonstop nach Vancouver, dann weiter nach Port Hardy auf Vancouver Island. Per Wassertaxi (Charter, teilbar durch mehrere Personen) zum Trail Head des NCT. Buchung der Taxis via Hotels in Port Hardy.

VERANSTALTER

Eine geführte neuntägige Tour kostet umgerechnet rund 1600 Euro inklusive aller Parkgebühren und mit Vollverpflegung. *coastalbliss.ca*

BESTE ZEIT

Mai bis Mitte September

ROUTE

Wie man sich die Strecke zwischen Shushartie Bay und Cape Scott Trail Head einteilt, hängt von persönlichen Vorlieben, Gehtempo und den Gezeiten ab. Es gibt sieben ausgewiesene Camp-Sites mit Süßwasser, bärensicheren Containern für die Verpflegung und Plumpsklos. Der offizielle NCT geht über 43 Kilometer (Shushartie Bay bis Nissen Bight) plus 15 Kilometer von Nissen Bight zum Parkplatz am Cape Scott Trail Head. Der optionale Rundweg von der Kreuzung Nels Bight und Nissen Bight bis zum Leuchtturm am Cape Scott ist rund 20 Kilometer lang. In Summe kommen so 78 Kilometer zusammen.

Winterlicher Sonnenaufgang am Hot Creek, Mammoth Lakes (Sierra Nevada, USA)

Ausblicken

British Columbia
Roadtrip auf dem Great Wilderness Circle Trail – sowie weitere Tipps für die Pazifik-Provinz.

Ontario
Wein? In Kanada? Eine Reise durch die größten Anbauregionen im Süden von Ontario …

Pennsylvania
Ikonische Gärten, überraschende Museen und viel Historie: Unterwegs in der Countryside von Philadelphia

Virginia
Tipps für einen Ausflug von Washington, DC ins vielfältige Fairfax County

Impressum

360° NordAmerika erscheint vierteljährlich

360° medien
Nachtigallenweg 1 | 40822 Mettmann,
Tel.: +49 2104 5063-100 | E-Mail: info@360grad-medien.de
redaktion@360grad-medien.de | www.360grad-travel.club

Geschäftsführung: Christine Walter | Andreas Walter

Chefredaktion (V.i.S.d.P.): Christian Dose
E-Mail: c.dose@360grad-medien.de

Mitarbeiter dieser Ausgabe:
Christian Dose, Isa Hoffinger, Ralf Johnen, Jan de Jonge, Günter Kast, Jörg Michel, Marion Renk-Rosenthal, Markus Seelbinder, Martin Wein, Ulrike Wirtz

Design und Layout: 360° medien | Marc Alberti, Elke Gräfe

Anzeigenleitung:
Stefanie Heine | E-Mail: s.heine@360grad-medien.de
Tel.: +49 2104 5063-106

Marketing und Vertrieb, Leserservice:
Julia Schüller | E-Mail: vertrieb@360grad-medien.de
Tel.: +49 2104 5063-100

ISBN: 978-3-96855-587-4 | **ISSN:** 1869-8328

Vertrieb Presseeinzelhandel:
IPS Pressevertrieb GmbH, 53334 Meckenheim, www.ips-d.de
Einzelpreise im Handel: D, A, Europa: 9,50 € | Schweiz: 13,60 CHF

Abonnement 360° NordAmerika: vier Ausgaben, Deutschland 32 €, Ausland 48 €. Nach Ablauf der Mindestlaufzeit ist das Abonnement monatlich kündbar. Enthalten im Abonnement sind zusätzlich die Versandkosten und – soweit erforderlich – die gesetzliche Mehrwertsteuer.

Bildnachweise: Bisha Hotel Toronto S. 9; Canadian Rockies Experience S. 85u; De Jonge, Jan S. 7-15o, 17; Destination BC S. 8li (Stephen Shelesky), 8re (Kari Medig), 69u re (Tanya Goehring); Destination Canada S. 68o (Nick Gosset), 68u, 69u li (Justin Olsvik), 82o; Dhaliwal, Meghan S. 28u, 29; Dose, Christian S. 4re, 5li, 36, 37, 38u, 39, 40, 42, 60-65, 78, 79o re, 81o, 98u; Forest Fix/Schneberger S. 85o; Foster Partners S. 7re (Nigel Young); Fraserway S. 80o (Marco Heuber); Helmhausen, Ole S. 98o; Jackson Hole Mountain Resort S. 62o; Johnen, Ralf S. 44-51; Kast, Günter S. 5u, 88-94; Longwood Gardens S. 7li (Davis Harold Hank); Los Angeles Visitor & Convention Bureau S. 24-25; Luray Caverns S. 6re; Michel, Jörg S. 3, 5mi, 70-75, 98mi; Marin Convention & Visitors Bureau S. 32u (Dennis Anderson); Philadelphia Convention and Visitors Bureau S. 38o (Fotolia), 41o (Anthony Sinagoga), 41u; Renk-Rosenthal, Marion S. 20-22; SanDiego.org S. 26; Seelbinder, Markus S. 4li, 30, 32o, 34, 33; The Barnes Foundation S. 41mi; Tishman Speyer S. 6li (Courtesy of Diane Bondareff AP); Tourism Saskatchewan S. 69o; Travel Alberta S. 82u, 83, 86; Unsplash S. 15u, 16, 76, 79o li, 79u, 80u li, 80u re, 81mi, Visit Sacramento S. 4mi, 18-19; Wein, Martin S. 54-59; Wirtz, Ulrike S. 27, 28o, Yamnuska Wolfdog Sanctuary S. 84

Unsere nächste Ausgabe:
360° NordAmerika erscheint voraussichtlich am 21. März 2025*

* Änderungen vorbehalten